DOSBARTH NOS 1-20

(Fersiwn y De/South Version)

FERSIWN NEWYDD

HELEN PROSSER A NIA PARRY

D1341101

Argraffwyd gan Wasg Gomer, Llandysul, Ceredigion SA44 4JL

Mehefin 2004

Diolch yn fawr i'r canlynol am eu cymorth

Cysodi: Lowri Morgan
Dylunio ac Arlunio: Corrie Chiswell

CBAC

CYFLWYNIAD/*INTRODUCATION*

Croeso i *'Dosbarth Nos'*. Welcome to *'Dosbarth Nos'*. This course has been designed for those learners in classes that meet once or twice a week in South Wales. (A North Wales version is also available).

Each of the twenty units has been divided into sections – work that you will do in class with your tutor and a homework section. The homework section will help you revise between lessions. To ensure further revision and get the best out of the course you should purchase the accompanying cassette. The cassette goes over the new sentence patterns introduced in each unit.

Learning Welsh is a lot of fun but at the same time demands commitment. Wherever you live in Wales, there are opportunities to hear, read and speak Welsh outside your Welsh class. There are day schools and weekend courses, a magazine for Welsh learners, television and radio programmes and Welsh speakers with whom you can get plenty of practice.

If you would like further information on any of the above, then contact:

Siop Lyfrau CBAC
245 Rhodfa'r Gorllewin
CAERDYDD
CF5 2YX

Phone/Ffôn: 029 2026 5063
              029 2026 5112

Fax/Ffacs: 029 2026 5073

Email/e-bost: sioplyfrau@cbac.co.uk

www.cbac.co.uk

Pob lwc! **Good luck!**

Mehefin 2004

NODYN I'R TIWTOR

Mae 'Cyfarwyddiadau ac Awgrymiadau i Diwtoriaid' i gyd-fynd â'r llyfr hwn ar gael o Siop Lyfrau CBAC.

ISBN: 1 86085 414 1

Dosbarth Nos 1-20

CYNNWYS/CONTENTS:

A. *Introductions*

COFRESTR / *REGISTER*

Enw'r ganolfan ydy ………………………..
(*The name of the centre is ……*)
Mae'r dosbarth yn cyfarfod bob ………….
…………………………………………..

1. …………………………………………
2. …………………………………………
3. …………………………………………
4. …………………………………………
5. …………………………………………
6. …………………………………………
7. …………………………………………
8. …………………………………………
9. …………………………………………
10. ………………………………………
11. ………………………………………
12. ………………………………………
13. ………………………………………
14. ………………………………………
15. ………………………………………

B.   Cyfarchion / *Greetings*

Bore da

P'nawn da

Noswaith dda

Gyda'ch partner work out the correct greeting for the following times of the day. This is an oral excersise.

10.00 a.m. ....   1.00 p.m. ....

2.00 p.m. ....   8.00 p.m. ....

7.30 p.m. ....   9.00 a.m. ....

3.00 p.m. ....   6.00 p.m. ....

7.00 p.m. ....   11.00 a.m. ....

C.   *Asking How Somebody Is*

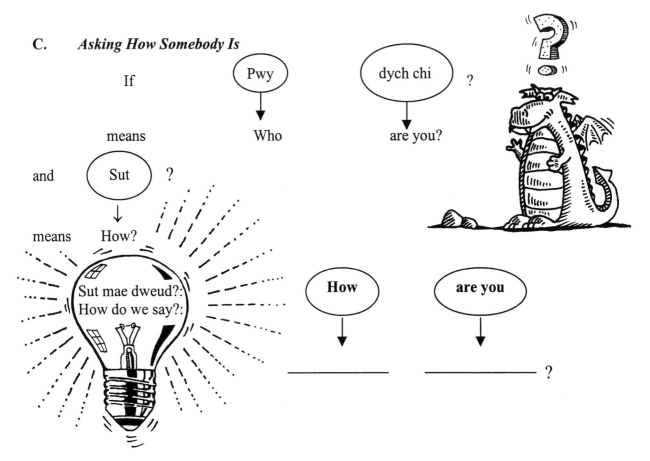

If   (Pwy) (dych chi) ?

means   Who   are you?

and   (Sut) ?

means   How?

Sut mae dweud?: How do we say?:

(How)   (are you)

_____ _____ ?

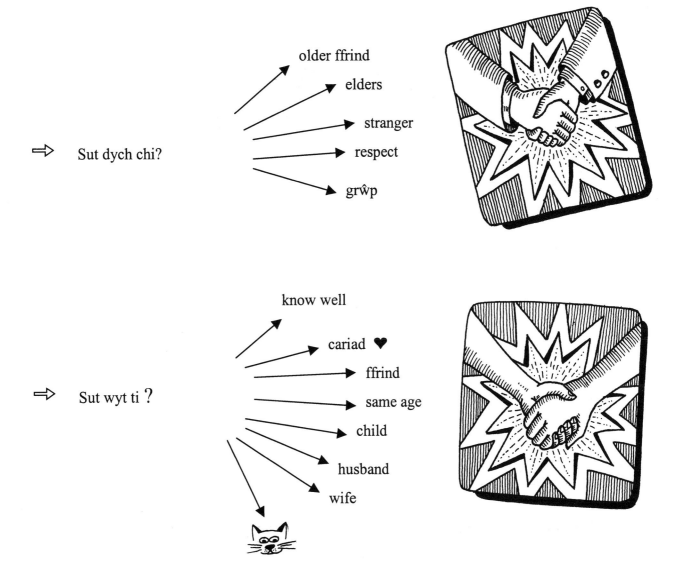

⇒ Sut dych chi?

older ffrind
elders
stranger
respect
grŵp

⇒ Sut wyt ti ?

know well
cariad ♥
ffrind
same age
child
husband
wife

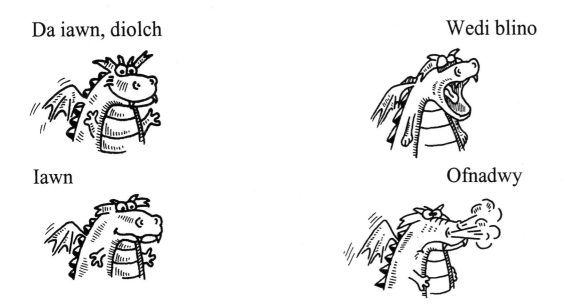

Da iawn, diolch

Iawn

Wedi blino

Ofnadwy

3

Fill in the blanks:

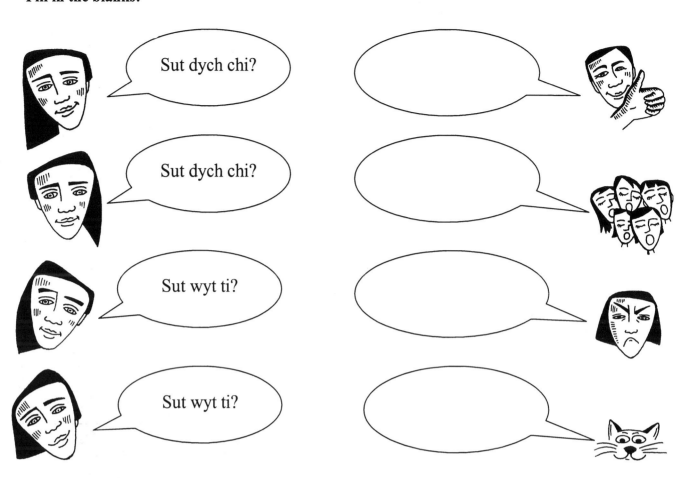

CH.   Y Tywydd / *Weather*

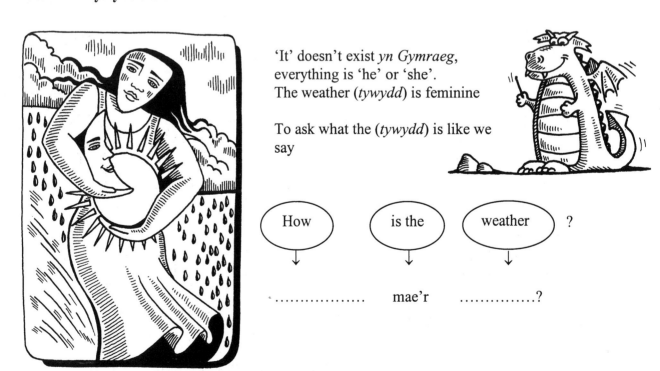

'It' doesn't exist *yn Gymraeg*, everything is 'he' or 'she'.
The weather (*tywydd*) is feminine

To ask what the (*tywydd*) is like we say

How   is the   weather   ?

………………   mae'r   ……………?

Mae hi'n braf

Mae hi'n ddiflas (*miserable*)

Mae hi'n wyntog

Mae hi'n stormus

Mae hi'n bwrw glaw

Mae hi'n bwrw eira

Mae hi'n dwym

Mae hi'n oer

Gêm fwrdd

5

 Mae hi'n braf Ydy ✓  (Yes it is)

D.   Deialog

Gyda'ch partner, change the *deialog* by varying the underlined phrases. Use the following to do this:

a)   3.00p.m.   +   😮   +   🌳

b)   6.00a.m.   +   😊   +   🌡️

c)   8.00p.m.   +   😢   +   🌧️

ch)   2.00p.m.   +   😌   +   ⛄

d)   11.30a.m.   +   😴   +   ⛈️

dd)   6.00p.m.   +   😃   +   ☀️

A: <u>Noswaith dda</u>

B: Sut dych chi?

A: <u>Da iawn, diolch</u> - A chi? (*And you?*)

B: Iawn

A: Sut mae'r tywydd?

B: <u>Mae hi'n braf</u>

A: Ydy

NOS DA!

HWYL!   Good Night

Bye!

6

RE CAP

1. Dych chi wedi dysgu / *You have learnt*:

1) *Greetings* - Shwmae, Bore da, P'nawn da, Noswaith dda

2) *Introductions* - Pwy dych chi? Siân dw i

3) Sut dych chi/wyt ti?

4) Sut mae'r tywydd?

5) *Phrases to describe* y tywydd - Mae hi'n braf

2. **Geirfa / *Vocabulary***

pwy	-	*who?*	braf	-	*fine*
sut	-	*how?*	da	-	*good*
tywydd	-	*weather*	oer	-	*cold*
bore	-	*morning*	stormus	-	*stormy*
diolch	-	*thank you*			

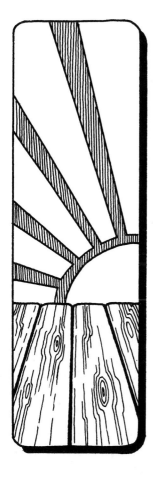

HELP YOURSELF - GARTRE

---

1. **Which of the following would you use at the times of day? Bore da, p'nawn da, noswaith dda?**

    10am   ....   8pm   ....

    2pm   ....   1pm   ....

    11am   ....   6pm   ....

    3pm   ....   11am   ....

    7.30am ....   9am   ....

---

2. *Sut* **would you ask the following '***how are you***?'**

    babi   Sut ....?

    grŵp of people   Sut ....?

    stranger   ....

    cath   ....?

    ffrind of the same age ....?

---

3. **Dych chi'n cofio? (*remember*)**

    Bore ....   Sut .... ti?

    .... dda   .... oer.

    Pwy .... chi?   Dafydd i

    Da ...., diolch   Sut dych ....?

---

4. **Sut mae'r tywydd?**

_____   _____

_____   _____

_____   _____

---

5. **Note _pump_ useful words/phrases from this _uned_.**

1. un _____

2. dau _____

3. tri _____

4. pedwar _____

5. pump _____

UNED DAU

HOFFI
EXPRESSING A LIKE

A. **Rhifo** / *Counting*

dim	-	0	chwech	-	6
un	-	1	saith	-	7
dau	-	2	wyth	-	8
tri	-	3	naw	-	9
pedwar	-	4	deg	-	10
pump	-	5			

B. **Adolygu** / *Revision*

Y DECHRAU	Ask a young child how he is		Say 'Good Afternoon'	Say 'It's miserable'
Say 'Good Morning'		Ask 'Who are you?'	Say 'It's fine'	
Say 'Good-bye'	Say 'Very well'		Say 'Good-bye'	Say 'Good night'
Ask a pet how it is	Ask your boss how s/he is	Say 'It's cold'		
Say 'Hiya!'	Say 'Good evening'	Say 'Very well, thanks'	Say 'Good morning'	Say 'It's fine'
Say 'It's miserable'	Say 'Good night'		Ask a group how they are	
Say 'Good-bye'	Ask 'Who are you?'	Say 'Good-bye'	Say 'It's cold'	Y DIWEDD

C. Mynegi Hoffter / *Expressing a Like*

Dw i'n hoffi lasagne
Dw i'n hoffi lager
Dw i'n hoffi Caerdydd
Dw i'n hoffi Coronation Street

Dych chi'n hoffi lasagne?
Dych chi'n hoffi lager?
Wyt ti'n hoffi Caerdydd?
Wyt ti'n hoffi Coronation Street?

I like ......

Do you like ....?
Ydw, Nac ydw
Ydw, Nac ydw
Ydw, Nac ydw

Gyda'ch partner, pick out *tri* of the following television programmes and say that you like them:

Coronation Street

Pobl y Cwm

This is Your Life

Neighbours

Grandstand

Top of the Pops

Newsnight

Spitting Image

Eastenders

Talkabout

Songs of Praise

World in Action

Jot down which *tri* you like:

_____

_____

Now using the questionnaire below, ask your partner whether they like the places and sports listed on the left hand side. Remember, the answer is **Ydw** or **Nac ydw**.

✓	✗
♡ Caerdydd	♡
☆ America	☆
"⟩" Awstralia	"⟩"
🗼 Paris	🗼
🏉 Rygbi	🏉
🏸 Badmington	🏸
🎯 Dartiau	🎯
"◐" Hoci	"◐"

CH. **Dw i ddim yn hoffi /** *I don't like*

Dw i ddim yn hoffi wisgi

Dw i ddim yn hoffi cyrri

Dw i ddim yn hoffi rygbi

Dw i ddim yn hoffi siopa

Ych-a-fi

Gyda'ch partner, pick out *tri* of the following and say that you don't like them:

lager		bananas	
wisgi		salad	
coke		coffi	
pasta		pwdin reis	
cwstard		tost	
cyrri		siocled	

D. *Nawr* that you can say 'Dw i'n hoffi', you can easily say many other things

Dw i'n   hoffi
             siopa
             parcio
             teipio
             seiclo
             smocio
             bwyta (*eat*)
             yfed (*drink*)
             darllen (*read*)

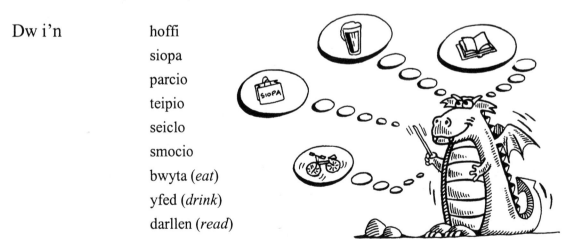

Dd.   Y Cwestiwn

Dych chi'n teipio?   Wyt ti'n teipio?

✓   Ydw, dw i'n teipio

✗   Nac ydw, dw i ddim yn teipio

Gofynnwch gwestiynau i'ch partner (*Ask your partner questions*):

	✓	✗
teipio seiclo smocio bwyta cyrri yfed fodca darllen y Western Mail		

E.   Deialog

A: Bore da

B: Sut dych chi

A: Iawn. A chi?

B: Dw i wedi blino heddiw.

A: Coffi?

B: Diolch. Dw i'n hoffi coffi yn y bore

A: Sigaret?

B: Dim diolch. Dw i ddim yn smocio

13

1. **Dych chi wedi dysgu / *You have learnt*:**

1) Rhifo / *counting*   0 - 10

2) *Likes*: Dw i'n hoffi ....

3) Cwestiwn: Dych chi'n hoffi?/Wyt ti'n hoffi?   Ydw/Nac ydw

4) *Dislikes*: Dw i ddim yn hoffi

5) Dw i'n siopa, darllen etc.

2. **Geirfa / Vocabulary**

tost	-	*toast*	bwyta	-	*to eat*
siocled	-	*chocolate*	yfed	-	*to drink*
hoffi	-	*to like*	darllen	-	*to read*
siopa	-	*to shop*			

1.   **Dych chi'n cofio?** / *Do you remember?*

Fill in the gaps in the following phrases:

Un, ……………., tri

Dw i …………….. yn smocio

……………., wyth, naw

Ble …………….. chi'n byw?

…………….. chi'n hoffi Pobl y Cwm?

Pedwar, pump, ……………..

…………….. ti'n seiclo?

2.   **Cwestiwn ac ateb** / *Question and Answer*

Match up the questions on the *chwith* (left) with the likely answers on the *dde* (right). Then copy the couples into the table provided on the next page.

Dych chi'n hoffi teipio?	Mae hi'n braf
Sut mae'r tywydd?	Da iawn, diolch
Sut dych chi?	Nac ydw
Mae hi'n oer	Ydy
Dych chi ddim yn smocio?	Ydw

Cwestiwn	Ateb
....	....
....	....
....	....
....	....
....	....

3. **Cwestiwn ac Ateb - eto (*again*)**

This time *dych chi'n* answer the *cwestiwn*.

Pwy dych chi? ....

Sut dych chi? ....

Dych chi'n hoffi siopa? ....

Dych chi'n hoffi Top of the Pops? ....

Dych chi'n hoffi'r Beatles? ....

Dych chi'n teipio? ....

Dych chi'n siopa yn TESCO? ....

Dych chi'n smocio? ....

Dych chi'n yfed wisgi? ....

4. **Note *pump* useful words/phrases from this *uned*.**

un _____

dau _____

tri _____

pedwar _____

pump _____

UNED 3

BLE DYCH CHI'N BYW?
WHERE DO YOU LIVE?

A. Dw i'n (byw) yn ....

↓

to live

Abertawe   Aberystwyth

Llantrisant   Lloegr

Llanelli

With some place names we put y/yr (*the*) in front.

Y Barri   Yr Alban

Y Bont-faen   Yr Eidal   a e i o u <u>w</u> <u>y</u>

Y Caribî   ↓

                                              Cofiwch! More vowels
                                              (*yn Gymraeg*)!!

                                              yr + vowel

Sut mae dweud?

I live in England   ……………………………………

I live in Italy   ……………………………………

I live in Swansea   ……………………………………

17

B. Y Treiglad Trwynol / *The Nasal Mutation* (ouch!)

There is sometimes a letter change (mutation) after the word 'yn' which means 'in'

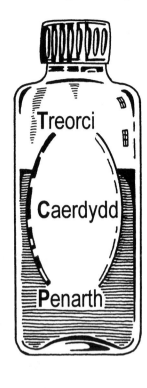

Treorci

Caerdydd

Penarth

Dw i'n byw **yn Nh**reorci

Dw i'n byw **yng Ngh**aerdydd

Dw i'n byw **ym Mh**enarth

Bargoed

Dw i'n byw **ym M**argoed

Garnant

Dw i'n byw **yng N**garnant

Dolgellau

Dw i'n byw **yn N**olgellau

¡remember!
Cofiwch

T → Nh

C → Ngh

P → Mh

}

Blinkin → M

Good → Ng

Disinfectant → N

}

Same pattern but drop the 'h'

Sut mae dweud?

I live in Treorci   _____

I live in Treherbert   _____

I live in Caerdydd   _____

I live in Caerfyrddin   _____

I live in Penarth   _____

I live in Pontypridd   _____

I live in Dolgellau   _____

I live in Dinas Powys   _____

I live in Garnant   _____

I live in Gwynedd   _____

I live in Bangor   _____

I live in Bargoed   _____

C.   **Dych chi'n cofio?** (*remember*)

I like   -   _____

to live/living   -   _____

in   -   _____

Italy   -   _____

Translate the following:

I like living in Scotland   _____

I like living in Caerdydd *   _____

I like shopping in Bangor *   _____

I don't like living in Caerffili *   _____

I don't like living in Garnant *   _____

Do you like living in The Carribean?   _____

Do you like living in England?   _____

19

Ch: Atebwch / *Answer*

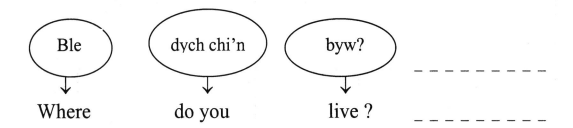

Ble	dych chi'n	byw?
Where	do you	live ?

_ _ _ _ _ _ _

_ _ _ _ _ _ _

Dych chi'n hoffi byw yna (*there*) ?   _ _ _ _ _ _ _ _ _ _ _ _ _ _

   **PAM?**

✓ **YDW**   ✗ **NAC YDW**

Mae'n gyfleus   **Mae'n anghyfleus**
(convenient) →

opposites

Mae'n bert   **Mae'n hyll**
(pretty) →

Mae'n lân   **Mae'n frwnt**
(clean) →

D.   If   (Pam?)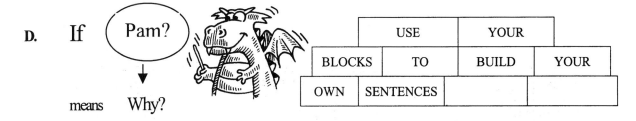

	USE	YOUR	
BLOCKS	TO	BUILD	YOUR
OWN	SENTENCES		

means   Why?

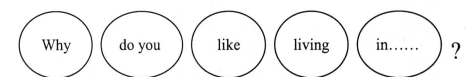

(Why)   (do you)   (like)   (living)   (in......)   ?

Sut mae dweud: _____ _____ ____ _____ _____
How do we say:

20

RE CAP

1. **Dych chi wedi dysgu / *You have learnt*:**

1) Dw i'n byw yn Yr Alban, etc
2) Dw i'n byw yn

	yn Nhreorci
	yng Nghaerdydd
	ym Mhenarth
B	ym Margoed
G	yng Ngarnant
D	yn Nolgellau

3) Dw i'n hoffi byw yn ………
   siopa
   seiclo
4) Dw i ddim yn hoffi byw yn ………
   siopa
   seiclo
5) Pam? Mae'n bert, etc. . . .

2. **Geirfa / Vocabulary**

Lloegr	-	*England*	Yr Eidal	-	*Italy*
pam	-	*why?*	ble	-	*where?*
Yr Alban	-	*Scotland*	yn	-	*in*
byw	-	*to live*			

21

1. **Dych chi'n cofio?**

   Dw i'n _____ yn Abertawe

   Dw i'n _____ yn Tesco

   Dych chi'n _____ byw yng Nghaerdydd?

   Dw i _____ yn hoffi seiclo ym Mhowys

   _____ dych chi'n hoffi _____ yn Nhreorci?

2. **Cyfieithwch /** *Translate*

   T
   C   > _____ (in Treorchy)
   P   > _____ (in Cardiff)
            > _____ (in Penarth)

   Blinking   > _____ (in Bargoed)

   Good   > _____ (in Garnant)

   Disinfectant > _____ (in Dolgellau)

3. Cwestiwn ac Ateb / *Question and Answer*

Match up the *cwestiynau ar y chwith* with the likely *atebion ar y dde.*

Dych chi'n hoffi byw ym Margoed?

Pam dych chi'n hoffi byw yng Nghaerdydd?

Ble dych chi'n byw?

Dych chi'n hoffi byw yng Nghaerffili?

Mae'n bert

Ydw, mae'n gyfleus

Nac ydw, mae'n hyll

Dw i'n byw ym Mhenarth

4. Atebwch / *Answer*

Ble dych chi'n byw? _____

Dych chi'n hoffi byw yna (*there*)? _____

Pam? _____

Ble dych chi'n siopa? _____

Dych chi'n hoffi seiclo? _____

5. **Nodwch bump** useful words/phrases from this *uned*.

un _____

dau _____

tri _____

pedwar _____

pump _____

A. **Adolygu / *Revision***

Holiadur / *Questionnaire*. Collect data from the *pobl* in your *dosbarth*. Record your answers *yn Gymraeg*.

Enw?	Byw?	Hoffi byw yna?	Pam?

➡️ Now tell your *tiwtor* where *dau* of your classmates live.

B. **Gweithio / *To work***

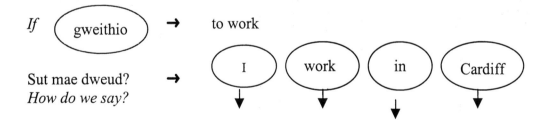

If (gweithio) ➡️ to work

Sut mae dweud? ➡️ (I) (work) (in) (Cardiff)
How do we say?

___ ___ ___ ___

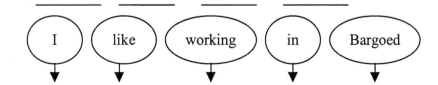

Sut mae dweud? (I) (like) (working) (in) (Bargoed)

Cofiwch

	Build		
	those	blocks	

___ ___ ___ ___ ___

1) Dw i'n gweithio **mewn** . . . . (in a / an)

2) Dw i'n gweithio **yn** . . . . (in)

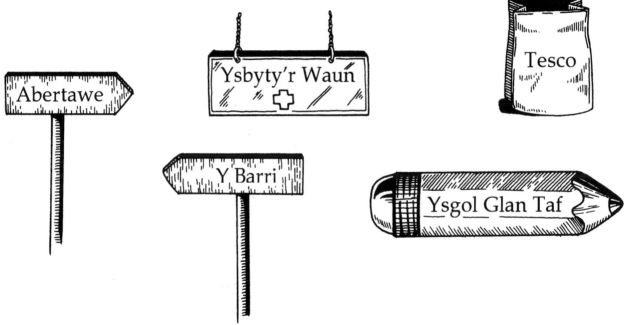

3) Dw i'n gweithio **i** . . . . (for)

C. **Swyddi / *Occupations***

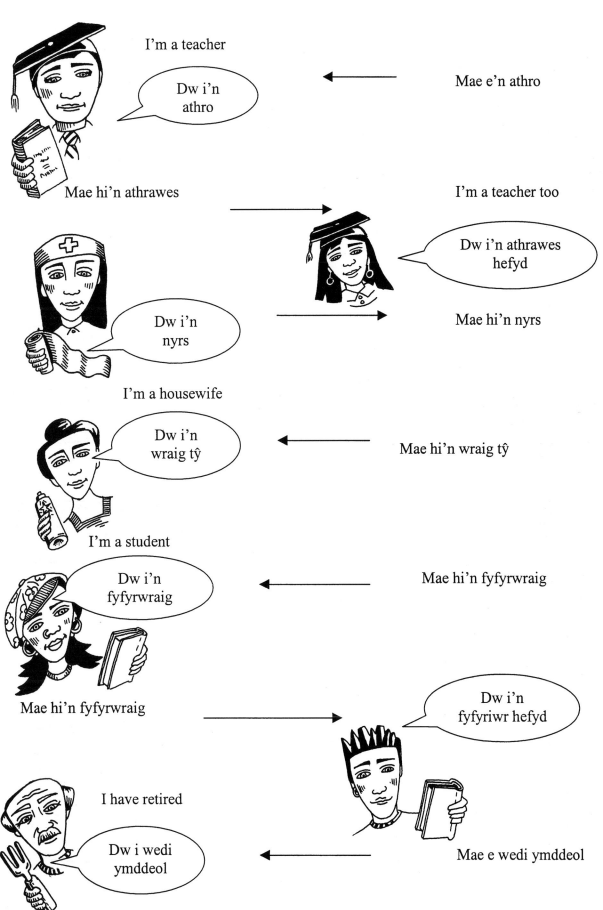

Beth maen nhw'n wneud? / *What do they do?*

Mae e'n athro _____

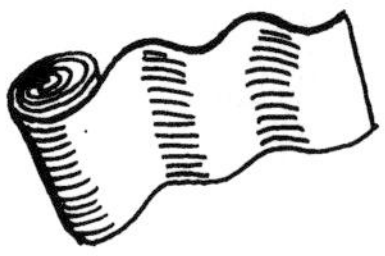

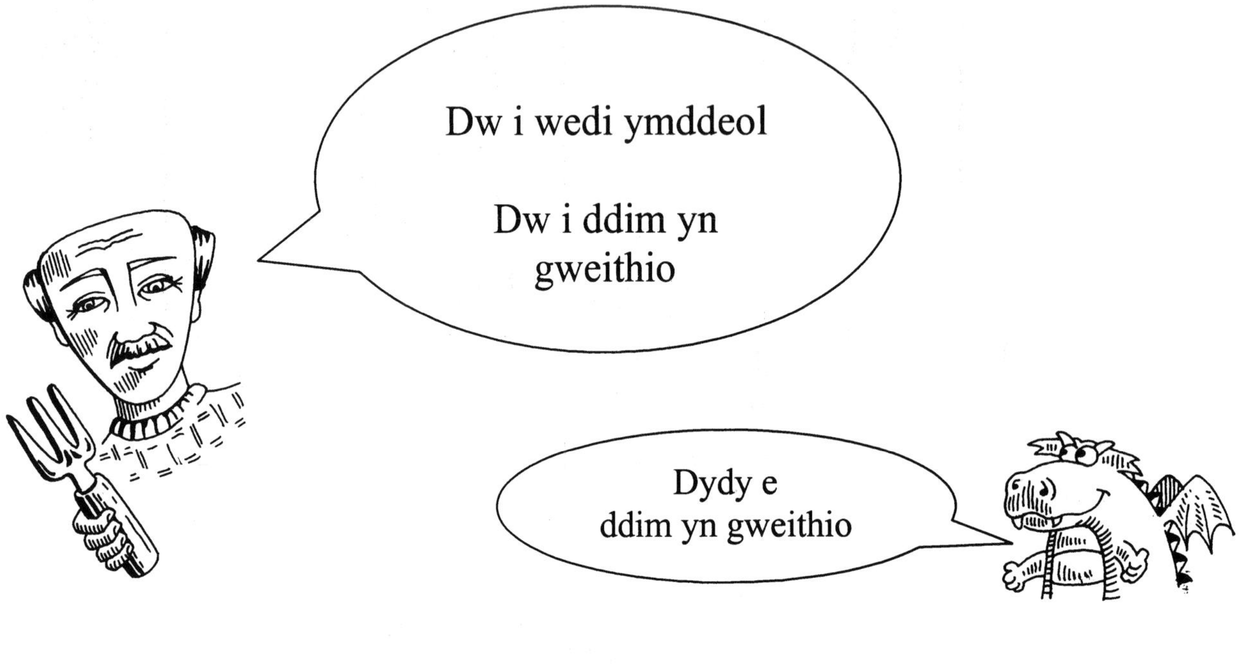

_____

_____

_____

_____

Dw i wedi ymddeol

Dw i ddim yn gweithio

Dydy e ddim yn gweithio

Dw i'n gweithio

Dw i ddim wedi ymddeol

Mae e'n gweithio

Dydy e ddim wedi ymddeol

Gorffennwch y gadwyn / *Finish the chain*

Dw i'n nyrs ond/*but* dydy e ddim yn nyrs

Dw i'n athro ond dydy hi ddim yn athrawes

Dw i'n fyfyrwraig ond dydy hi ddim yn fyfyrwraig

Dw i'n wraig tŷ ond

_____

_____

Dw i wedi ymddeol ond

_____

_____

Dw i'n athrawes ond

_____

_____

Trowch y brawddegau isod i'r negyddol / *Make the following sentences negative*

Mae e'n feddyg   Dydy e ddim yn _____

Mae hi'n nyrs   _____

Mae e'n hapus   _____

Mae hi'n drist   _____

Mae e'n dawnsio   _____

Mae e'n nofio   _____

Mae hi'n coginio   _____

Mae hi'n bwrw glaw   _____

Mae hi'n braf   _____

Mae e'n bostmon   _____

30

CH. **Dych chi'n cofio?** (tudalen / *page 13*)

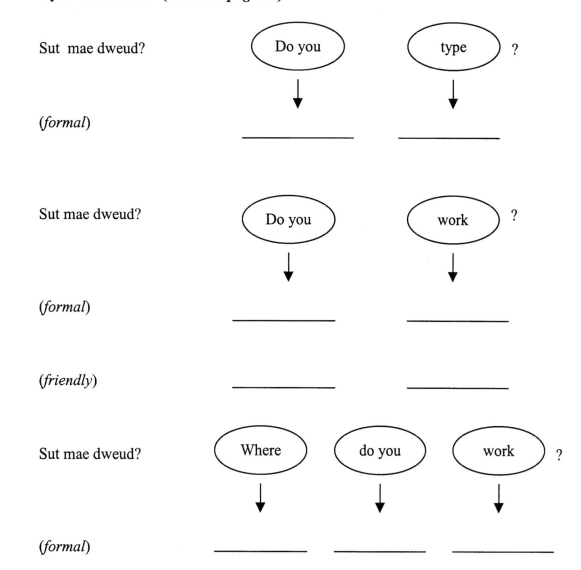

Sut mae dweud?

(*formal*) _____ _____

Sut mae dweud?

(*formal*) _____ _____

(*friendly*) _____ _____

Sut mae dweud?

(*formal*) _____ _____ _____

Now ask the other members of the *dosbarth* whether they work or not. If they do, go on to ask them, 'Ble?'

Enw	Gweithio?	Ble?

Nawr **find a** *partner newydd* **(new) and ask them about their former** *partner*.

Does Tom work? Ydy Tom yn gweithio?

Your <u>atebion</u> will be one of the below

> ✓   Ydy, mae Tom gweithio yn . . . .

> ✗   Nac ydy, dydy Tom ddim yn gweithio.

Read the following paragraff ac *atebwch y cwestiynau*.

Mae hi'n fore braf ac mae Siân yn agor y llenni i weld y postmon - Jac.

Mae Jac yn byw yng Nghaerffili ac mae e'n gweithio yng Nghaerdydd. Mae e'n hapus iawn

yn gweithio fel postmon.

Yn anffodus, dydy Siân ddim yn hoffi mynd i'r gwaith Mae hi'n gweithio mewn swyddfa

yng Nghaerdydd.

Mae'r gwaith yn ddiflas a dydy hi ddim yn hoffi'r bobl. Ond mae hi'n mwynhau (*enjoy*)

seiclo i'r gwaith bob dydd o'r Rhath.

1.   Ydy hi'n fore braf?

    _____

2.   Ydy Jac wedi ymddeol?

    _____

3.   Ydy Jac yn byw ym Mhontypridd?

_____

4.   Ydy Jac yn hapus yn gweithio fel postmon?

_____

5.   Ydy Siân yn nyrs?

_____

6.   Ydy hi'n gweithio yng Nghaerffili?

_____

7.   Ydy hi'n hoffi'r bobl yn y gwaith?

_____

8.   Ydy hi'n mwynhau seiclo i'r gwaith?

_____

9.   Ydy hi'n seiclo o'r Rhath?

_____

D. **Sut mae dweud?**

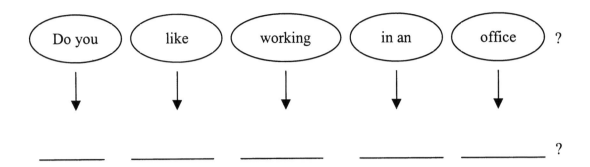

Do you · like · working · in an · office ?

_____ _____ _____ _____ _____ ?

Atebwch / *Answer*:

Dych chi'n gweithio?

Ble dych chi'n gweithio?

Dych chi'n hoffi gweithio?

RE CAP

1.   **Dych chi wedi dysgu / *You have learnt*:**

1)   Dw i'n gweithio mewn / yn / i

2)   Dw i'n nyrs. . . .
     Mae e'n athro . . . .
     Mae hi'n wraig tŷ. . . .

3)   Dydy e/hi ddim yn gweithio, ...

4)   (Ble) dych chi'n gweithio?

5)   Ydy e/hi'n gweithio?

6)   Dych chi'n hoffi gweithio. . . .?
     Wyt ti'n hoffi gweithio. . . .

*

+	—	?
Mae e'n nyrs	Dydy e ddim yn nyrs	Ydy e'n nyrs

*

He's a nurse   *He isn't a nurse*   *Is he a nurse?*

2.   **Geirfa / *Vocabulary***

gweithio	-	*to work*	gwraig tŷ	-	*house wife*
swyddfa	-	*office*	athro/athrawes	-	*teacher (male/female)*
ysbyty	-	*hospital*	myfyrwraig	-	*student (female)*
coleg	-	*college*	myfyriwr		*(male)*
ysgol	-	*school*	wedi ymddeol	-	*retired*
nyrs	-	*nurse*			

35

1. **The following people work in different places. Write underneath each picture where everyone works following the *esiampl*.**

John:

Mae e'n gweithio mewn siop

Siân

Mae hi'n gweithio mewn ysgol

Lowri

Tom:

Aled:

Meinir:

Rhian:

Dafydd:

2. **Atebwch y cwestiynau gan edrych ar (*look at*) y lluniau (*pictures*) yn 1.**

Ydy John yn gweithio mewn coleg? _____

Ydy Tom yn gwethio mewn ysbyty? _____

Ydy Meinir yn gweithio yn yr Alban? _____

Ydy Dafydd yn gweithio mewn swyddfa? _____

Ydy Aled yn gweithio mewn swyddfa? _____

Ydy John yn gweithio mewn siop? _____

Ydy Rhian yn gweithio mewn theatr? _____

Ydy Lowri yn gweithio mewn coleg? _____

Ysgrifennwch frawddeg wir (*true*) am

Aled _____

Tom _____

Siân _____

Rhian _____

37

3. **Have a look at the following *tabl* and create your own sentences using one element from each *colofn*.**

Dw i	yn ('n)	byw yng Nghaerdydd
Dw i ddim	yn	gweithio ar hyn o bryd
Dych chi	yn ('n)	dysgu Cymraeg
Rwyt ti	yn ('n)	seiclo i'r gwaith
Mae e	yn ('n)	gweithio mewn ysgol
Mae hi	yn ('n)	hoffi darllen
Dych chi ddim	yn	hoffi gweithio mewn ysbyty
Dw i	yn ('n)	nyrs mewn ysbyty
Dych chi	yn ('n)	parcio'r car

4. **Now write *pump* sentences out and translate them.**

_____

_____

_____

_____

_____

5. **Here are some *atebion*, write down some possible *cwestiynau*.**

_____?   Ydw, dw i'n hoffi gweithio

_____?   Nac ydw, dw i ddim yn gweithio

_____?   Dw i'n gweithio mewn ysgol

_____?   Nac ydw, dw i ddim yn hoffi
                                   gweithio mewn swyddfa

_____?   Mae e'n gweithio yng Ngholeg
                                   Pontypridd

_____?   Dw i'n wraig tŷ

6. ***Nodwch bump* useful words/phrases from this *uned*.**

un   _____

dau   _____

tri   _____

pedwar _____

pump   _____

39

A. **Adolygu**

Follow the *esiampl* and tell a *partner* what the following *pobl* are saying

1.

CAERFFILI
2 filltir

Dw i'n hoffi gweithio mewn swyddfa yng Nghaerffili

2.

CAERDYDD
10 milltir

3.

PONTYPRIDD
5 milltir

4.

CAERFYRDDIN
8 milltir

5.

CASNEWYDD
12 milltir

B. EISIAU $\longrightarrow$ to want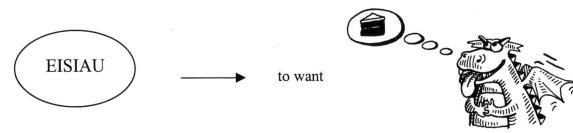

* 'eisiau' is slightly different to every other verb/or action word i.e. teipio, parcio, bwyta. We don't need to include the 'yn'/'n e.g:

	I	want	to cycle

Dw i'**n** seiclo   Dw i   eisiau   seiclo

Rwyt ti'**n** yfed   Rwyt ti eisiau   yfed

Mae e'**n** darllen   Mae e eisiau   darllen

Mae hi'**n** siopa   Mae hi eisiau   siopa

Dych chi'**n** parcio   Dych chi eisiau   parcio

Sut mae dweud?:

I want to shop   _____

She wants to park   _____

(formal/ plural) **You want to eat**   _____

He wants to drink   _____

I don't want to read   _____

(friendly) **You want to type**   _____

(formal/ plural) **You don't want to smoke**   _____

C.

BWYD A DIOD

ffrwythau

afal   oren

banana

pînafal

hufen iâ

siwgr

cawl

wyau

salad

tomato

letys

wynwns

llaeth

teisen

pwdin
siocled

cig

bara

menyn

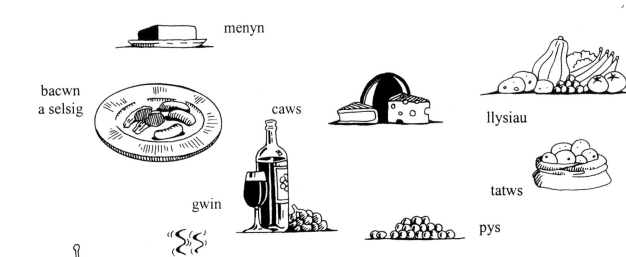

bacwn
a selsig

caws

gwin

llysiau

tatws

pys

moron

coffi   te

42

Beth mae e eisiau?

1. i frecwast   2. i ginio   3. i swper

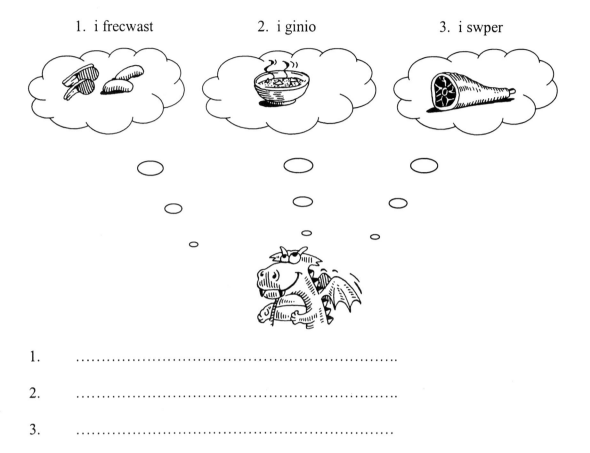

1. ....

2. ....

3. ....

CH.   **Dyn ni eisiau / W*e want***

Dyn ni eisiau teisen, mam

Beth dych chi eisiau, blant?

Dyn ni eisiau lemonêd, mam

Dyn ni eisiau siocled, mam

SIOP

YN Y SIOP

Bore da, beth dych chi eisiau Mrs Jones?

Wel, maen nhw eisiau teisen….
Maen nhw eisiau lemonêd….
ac maen nhw eisiau siocled

Beth maen nhw'n ddweud?
What are they saying?

Dyn ni eisiau lifft

Beth mae nhw eisiau?
What do they want?

Maen nhw eisiau lifft

Beth maen nhw'n ddweud?

………………………………………………………

Beth maen nhw eisiau?

Beth maen nhw'n ddweud?

………………………………………………………

Beth maen nhw eisiau?

Beth maen nhw'n ddweud?

………………………………………………………

Beth maen nhw eisiau?

Dwedwch wrth y weinyddes / *Tell the waitress* 'Beth dych chi eisiau i fwyta ac i yfed?'

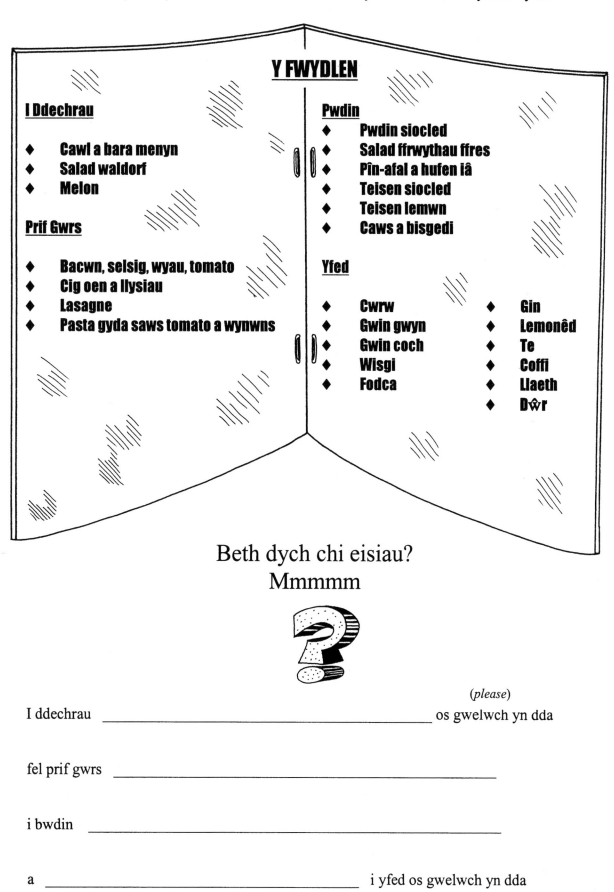

Y FWYDLEN

I Ddechrau

- Cawl a bara menyn
- Salad waldorf
- Melon

Prif Gwrs

- Bacwn, selsig, wyau, tomato
- Cig oen a llysiau
- Lasagne
- Pasta gyda saws tomato a wynwns

Pwdin

- Pwdin siocled
- Salad ffrwythau ffres
- Pîn-afal a hufen iâ
- Teisen siocled
- Teisen lemwn
- Caws a bisgedi

Yfed

- Cwrw
- Gwin gwyn
- Gwin coch
- Wisgi
- Fodca
- Gin
- Lemonêd
- Te
- Coffi
- Llaeth
- Dŵr

Beth dych chi eisiau?
Mmmmm

(please)

I ddechrau _____ os gwelwch yn dda

fel prif gwrs _____

i bwdin _____

a _____ i yfed os gwelwch yn dda

Cofiwch:

Dw i ddim yn gweithio   >   Dw i ddim eisiau gweithio

Dydy e ddim yn gweithio   >   Dydy e ddim eisiau gweithio

Dysgwch nawr:

Dyn ni eisiau brecwast   >   Dyn ni ddim eisiau brecwast

Maen nhw eisiau brecwast   >   Dyn nhw ddim eisiau brecwast

Beth maen nhw'n ddweud? / *What are they saying*?

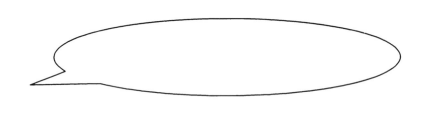

Dyn ni ddim eisiau
lifft

_____

_____

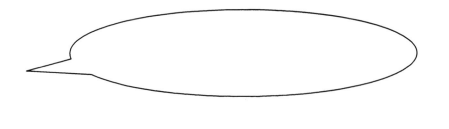

_____

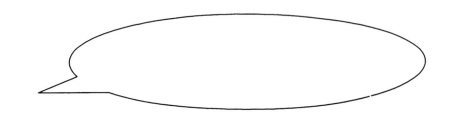

_____

1. **Dych chi wedi dysgu / *You have learnt*:**

1) *Dysgwch hwn*: This present tense pattern is both **useful** and **essential**

+	—
Dw i eisiau	Dw i ddim eisiau
Rwyt ti eisiau	Dwyt ti ddim eisiau
Mae e/hi eisiau	Dydy e/hi ddim eisiau
Dyn ni eisiau	Dyn ni ddim eisiau
Dych chi eisiau	Dych chi ddim eisiau
Maen nhw eisiau	Dyn nhw ddim eisiau

2) Bwydydd (*foods*), selsig, bara, llaeth . . . . .

2. **Geirfa / Vocabulary**

eisiau	-	*to want*	menyn	-	*butter*
llaeth	-	*milk*	cig	-	*meat*
cwrw	-	*beer*	caws	-	*cheese*
gwin	-	*wine*	te	-	*tea*
bara	-	*bread*	coffi	-	*coffee*

47

1. **Atebwch**:

Beth dych chi eisiau i frecwast fory? _____

Beth dych chi eisiau i ginio fory? _____

Beth dych chi eisiau i swper fory? _____

Dych chi'n hoffi cwrw? _____

Dych chi'n hoffi siocled? _____

Dych chi'n hoffi te? _____

Dych chi'n hoffi moron? _____

---

2. **Read y *paragraff* about *Huw ac atebwch y cwestiynau*.**

Huw Evans dw i. Dw i'n byw yn Abertawe ac yn gweithio yn Llanelli. Dw i'n gweithio mewn siop yn Llanelli ond dw i ddim yn hoffi'r siop. Dw i eisiau gweithio yn Abertawe. Dw i'n hoffi seiclo, darllen ac yfed cwrw yn y dafarn.

Ydy Huw yn byw yn Abertawe? _____

Ydy Huw yn gweithio yn Abertawe? _____

Ydy Huw yn hoffi'r gwaith? _____

Ydy e eisiau gweithio yn Llanelli? _____

Ydy e'n hoffi seiclo? _____

Ydy e'n hoffi yfed gwin yn y dafarn? _____

---

3. **Here are some *atebion*, write down some possible *cwestiynau*:**

_____? Nac ydy, dydy Jac ddim yn yfed gwin

_____? Ydw, dw i eisiau coffi du

_____? Nac ydw, dw i ddim eisiau nofio heddiw

_____? Ydy, mae e eisiau mynd i'r theatr

_____? Nac ydy, dydy hi ddim eisiau dawnsio

_____? Ydw, dw i eisiau pwdin siocled

4. **Dilynwch y patrwm /** *Follow the pattern*:

Dw i'n hoffi gwin gwyn   Dyn ni'n hoffi gwin gwyn hefyd (*also*)

Dw i ddim yn seiclo   Dyn ni ddim yn seiclo chwaith (*either*)

Dw i'n hoffi darllen   _____

Dw i'n dysgu Cymraeg   _____

Dw i ddim eisiau ffonio   _____

Dw i'n gweithio fory   _____

Dw i ddim yn siopa yn TESCO   _____

Dw i ddim yn smocio   _____

Dw i wedi ymddeol   _____

---

5. *Nodwch bump* **useful words/phrases from this** *uned.*

un   _____

dau   _____

tri   _____

pedwar   _____

pump   _____

A.   **Dod o/ *Come from***

Dw i'n dod o ....

Abertawe	Ffrainc	Sbaen
Sir Benfro	Ffostrasol	Abercynon

Sut mae dweud?:

He comes from Abertridwr   _____

We come from France   _____

They come from India   _____

I don't come from Pembrokeshire   _____

She doesn't come from Abercarn   _____

B.   **Mynd i / *Going to***

Dw i'n mynd i ....

Nepal	Norwy	Sweden
Abertridwr	Sri Lanka	Ynys Môn

Sut mae dweud?:

They're going to France   _____

She's not going to Spain   _____

We're not going to Anglesey   _____

You're not going to Swansea   _____

I'm going to Norway   _____

50

OND. . . . . .os dych chi'n dod o 'Treorci' . . . . . .mae'n wahanol!

(BUT. . . . . if you come from 'Treorchy'. . . . . . .it's different!)

Treorci	-	Dw i'n dod o **D**reorci
Caerdydd	-	Dw i'n dod o **G**aerdydd
Penarth	-	Dw i'n dod o **B**enarth
Bargoed	-	Dw i'n dod o **F**argoed
Gwynedd	-	Dw i'n dod o **W**ynedd
Dinas Powys	-	Dw i'n dod o **Dd**inas Powys
Llanelli	-	Dw i'n dod o **L**anelli
Merthyr	-	Dw i'n dod o **F**erthyr
Rhisga	-	Dw i'n dod o **R**isga

Remember the nasal   mutation in *Uned 3*?

Well, we are now looking at the soft mutation, the mutation most frequently used in *Cymraeg*.

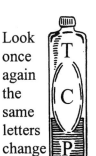

Look once again the same letters change

T	>	**D**
C	>	**G**
P	>	**B**

Blinkin'	> F
Good	> /
Disinfectant	> Dd

Llywelyn	>	L

↘ drop 'l'

Married	>	F

Rhiannon	>	R

↘ 'l'
drop 2nd letter

The words 'o' (from) and 'i' cause a mutation (letter change) in the following words if they begin with one of these 9 letters.

	T	C	P		B	G	D		LL	M	RH
Can you remember what they become?	↓	↓	↓		↓	↓	↓		↓	↓	↓
	—	—	—		—	—	—		—	—	—

C. **Cwestiwn**

Cofiwch: Ble dych chi'n byw? Ble rwyt ti'n byw?

Dysgwch nawr: O ble dych chi'n dod?

O ble rwyt ti'n dod?

You can also add the phrase **yn wreiddiol** (*originally*) os dych chi eisiau.

Ask *pump yn y dosbarth* where they come from *yn wreiddiol*.

Enw	O ble?
1.	
2.	
3.	
4.	
5.	

Now work with a *partner* and tell her/him where the *pump* you spoke to come from originally.

Ch. **(Y)fory / *Tomorrow***

Dw i'n mynd i Gaerdydd fory   Ble dych chi'n mynd fory?

Dw i'n mynd i siopa fory   Ble rwyt ti'n mynd fory?

Dw i'n mynd i'r sinema fory

52

Ask your partner whether *maen nhw'n mynd i'r* places listed below *fory*. Give a full answer to practise.

Then ask someone else *yn y dosbarth* about their original *partner* – '**Ydy** **x** **yn mynd i'r sinema fory?**'

	Partner 1 ✓ ✗	Partner 2 ✓ ✗
Sinema		
Ysgol		
Ysbyty		
Banc		
Siop fara		
Gwely		

D.   Dyddiau'r Wythnos

Dydd Llun

Dydd Mawrth

Dydd Mercher

Dydd Iau

Dydd Gwener

Dydd Sadwrn

Dydd Sul

Ask your partner *ble maen nhw'n mynd* on each day of the week

E.   Ydyn nhw

Ydyn nhw'n gweithio dydd Llun?   ✓   ✗

Ydyn, maen
nhw'n gweithio
dydd Llun

Nac ydyn, dyn nhw
ddim yn gweithio
dydd Llun.

Gyda'ch partner, cwblhewch y tabl. *Complete the table*:

	?	✓	✗
_____	?	Ydyn, maen nhw'n mynd i'r sinema dydd Mawrth.	
_____	?		Nac ydyn, dyn nhw ddim yn mynd i siopa dydd Mercher.
_____	?		Nac ydyn, dyn nhw ddim eisiau mynd i'r dafarn dydd Iau.
_____	?	Ydyn, maen nhw eisiau mynd i'r ysgol dydd Gwener	
_____	?	Ydyn, maen nhw'n mynd i'r ysbyty dydd Sadwrn	
_____	?		Nac ydyn, dyn nhw ddim yn mynd i'r capel dydd Sul

RE CAP

1. **Dych chi wedi dysgu**

1) O ble dych chi'n dod? Dw i'n dod o . . . .

2) Ble dych chi'n mynd? Dw i'n mynd i . . . . . .

3) Y Treiglad Meddal / *The Soft Mutation*

t	-	d	b	-	f	ll	-	l
c	-	g	g	-	/	m	-	f
p	-	b	d	-	dd	rh	-	r

4) Dyddiau'r Wythnos / *days of the week*

2. **Geirfa**

gwely	-	*bed*		yn wreiddiol	-	*originally*
Ffrainc	-	*France*		gwreiddiol	-	*original*
Sbaen	-	*Spain*		dod	-	*to come*

1.   Ysgrifennu am ffrindiau / *Writing about friends and relatives*

Darllenwch trwy'r **following information sheets and then fill in the other sheets for other friends, relatives or famous people.**

Dyma (*This is*) Mrs Nora Jones
Mae Mrs Jones yn byw yn Rhisga ger Casnewydd.
Mae hi'n dod o Abertawe yn wreiddiol.
Mae hi'n hoffi lager gyda leim

Dyma Mr Dafydd Evans
Mae Mr Evans yn byw yn Cathays, Caerdydd
Mae e'n dod o Lundain yn wreiddiol.
Mae e'n hoffi te gyda siwgr a llaeth.

2. *Pretend that you come from the following places*:

Pontypridd	<u>Dw i'n dod o Bontypridd</u>
Machynlleth	
Llundain	
Caerdydd	
Gwynedd	
Caerfyrddin	
Pontardawe	
Bangor	
Llantrisant	
Abertawe	
Dolgellau	
Ceredigion	

3. *Match the days of the week. Try not to look back.*

Thursday	Dydd Mawrth
Monday	Dydd Gwener
Saturday	Dydd Sul
Wednesday	Dydd Llun
Friday	Dydd Mercher
Sunday	Dydd Iau
Tuesday	Dydd Sadwrn

4. **Nodwch bump** useful words / phrases from this u*ned*.

un   _____

dau   _____

tri   _____

pedwar   _____

pump   _____

UNED SAITH

MEDDIANT / *POSSESSION (I'VE GOT....)*

A. **Meddiant / *Discussing Possessions***

Gyda'ch tiwtor a gyda'ch partner, trafodwch

Mae car gyda fi	-	I have a car / I've got a car
Mae tŷ gyda fi	-	I have a
Mae teledu gyda fi	-	I have a
Mae fideo gyda fi	-	I have a
Mae llyfr gyda fi	-	I have a

(speech bubble: mae llyfr gyda fi)

List *pump o bethau* (five things) you own.

1. _____
2. _____
3. _____
4. _____
5. _____

Just as **I have** becomes I've **gyda** is often shortened to **'da** when we speak.

B. **Y Cwestiwn**

Oes teledu gyda chi?	Do you have a television? / Have you got a television?
Oes fideo gyda chi?	Do you have a video?
Oes llyfr gyda chi?	Do you have a book?
Oes tŷ gyda ti?	Do you have a house?
Oes car gyda ti?	Do you have a car?

The answer is either **OES** (*Yes*) or **NAC OES** (*No*).

Defnyddiwch y grid isod (Use the grid below) to ask *eich partner* whether they have the following:

	✓	✗
car		
teledu		
llyfr Cymraeg		
brawd		
chwaer		
plant		
bat criced		
pêl rygbi		
beic		
ceffyl		

59

Does dim teledu gyda fi   I haven't got a television
Does dim fideo gyda John
Does dim llyfr gyda fe
Does dim chwaer gyda hi
Does dim ceffyl gyda nhw

C.   **Trafod Plant** / *Discussing Children*

Mae plant gyda fi   Does dim plant gyda fi

Mae 1 plentyn gyda fi

Mae 2 o blant gyda fi

Mae 3 o blant gyda fi

Mae un mab gyda fi   Mae un ferch gyda fi

Mae dau fab gyda fi   Mae dwy ferch gyda fi

Mae tri mab gyda fi   Mae tair merch gyda fi

Mae un mab ac un ferch gyda fi

1.   *Yn Gymraeg*, you can use a single noun with a number. *Dau blentyn* is literally two <u>child</u>.

2.   The numerals, *dau, tri* and *pedwar*, have feminine forms - *dwy, tair* and *pedair* - which are used with feminine nouns (all nouns in Welsh are either feminine or masculine).

3.   Certain mutations follow these numbers:

        un mab   *un ferch*
        dau fab   *dwy ferch*
        tri mab   *tair merch*
        pedwar mab   *pedair merch*

Treiglad meddal appears after the feminine *un* (just like the feminine article - *y ferch*) and after both *dau* and *dwy*.

CH. Prosiect Ysgol / *A School Project*

Mrs Hughes had been approached on the *stryd* by a *plentyn ysgol* involved in a *prosiect ysgol* and local family life. *Gyda'ch tiwtor a gyda'ch partner, darllenwch y ddeialog:*

Plentyn ysgol:	Esgusodwch fi. Oes munud gyda chi i ateb cwestiwn?
Mrs Hughes:	Oes, wrth gwrs
Plentyn ysgol:	Oes plant gyda chi?
Mrs Hughes:	Oes. Mae dau blentyn gyda fi - un mab ac un ferch.

Nawr, conduct your own research among fellow students. Note your findings on the following *prosiect* form:

Enw	Meibion (*Sons*)	Merched (*Daughters*)

Gaf i ?

May I?
May I have?

Gaf i'r siwgr?	Cei/Na chei	Gaf i ffonio?	Cewch/Na chewch
Gaf i'r llaeth?	Cei/Na chei	Gaf i ddod?	Cewch/Na chewch
Gaf i'r menyn?	Cei/Na chei	Gaf i barcio?	Cewch/Na chewch
Gaf i'r hufen?	Cei/Na chei	Gaf i adael?	Cewch/Na chewch

os gwelwch yn dda

The *treiglad meddal* (soft mutation) follows Gaf i e.e. **Gaf i ddod**?
The familiar form for a reply is **Cei** (Yes, you may) or **Na chei** (No, you may
not). **Cewch**, **Na chewch** are the more formal and plural forms.

Gyda'ch partner, complete the following table. Your *tiwtor* will go over the meanings when
you have finished.

gofyn cwestiwn	Gaf i ofyn cwestiwn?
dod gyda chi	Gaf i _____
agor y ffenestr	_____
cau'r ffenest	_____
edrych ar y llyfr	_____
ysgrifennu'r gair	_____
ffonio adre	_____

Note the request in the following situations:

Gyda'ch tiwtor a gyda'ch partner, make a note of 3 other requests likely to be useful to you *fel dosbarth*.

1. ....

2. ....

3. ....

RE CAP

1. **Dych chi wedi dysgu**

   1)   Mae teledu gyda fi / ti / hi / fe / John / ni / chi / nhw

   2)   Oes teledu gyda chi?

   3)   Does dim teledu gyda fi

   4)   Gaf i (+ treiglad meddal)

        Cei / na chei   Cewch / na chewch

2. **Geirfa**

esgusodwch fi	-	*excuse me*	hufen	-	*cream*
os gwelwch yn dda	-	*please*	gair	-	*word*
brawd	-	*brother*	munud	-	*minute*
chwaer	-	*sister*	ffenest	-	*window*
beic	-	*bicycle*	ateb	-	*to answer*
ceffyl	-	*horse*	cau	-	*to close*
pêl	-	*ball*	ysgrifennu	-	*to write*
llyfr	-	*book*	ffonio	-	*to phone*
teledu	-	*television*	edrych	-	*to look*

1.   **Oes plant gyda chi?**

A researcher asked a number of people '*Oes plant gyda chi?*'. Record the answers they were given.

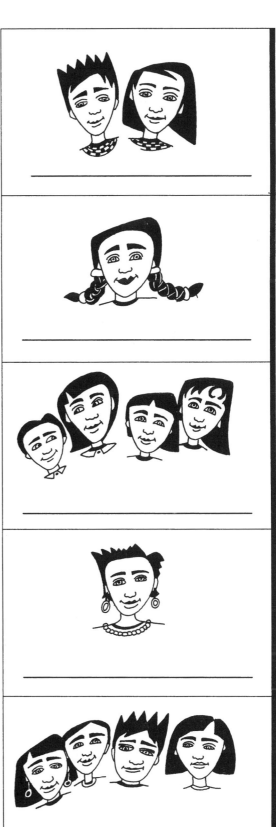

2. **Atebwch y cwestiynau**:

Oes teledu gyda chi? _____

Oes brawd gyda chi? _____

Oes chwaer gyda chi? _____

Oes plant gyda chi? _____

Oes llyfr Cymraeg gyda chi? _____

Gaf i siarad Saesneg yn y dosbarth Cymraeg? _____

3. **Atebwch y cwestiynau. Give a positive answer (Yes) and a full response each time**.

Dych chi'n byw ym Mhenarth? _____

Ydy e'n mynd adre? _____

Ydy hi'n braf? _____

Oes beic gyda chi? _____

Ydyn nhw'n seiclo? _____

Dych chi'n dod o Gymru yn wreiddiol? _____

4. *Nodwch bump* **useful words / phrases from this u*ned***.

un _____

dau _____

tri _____

pedwar _____

pump _____

A. Adolygu / *Revision*

Y DECHRAU 1.	Sut mae'r tywydd? 2.	Find out who likes wine. 3.	Oes car gyda chi? 4.	Find out who cycles 5.
Beth ydy 'Siân isn't going' yn Gymraeg? 10.	Find out who works 9.	Ble mae Tom Jones yn byw? 8.	Ask everyone where they live 7.	Sut dych chi? 6.
Beth dych chi'n hoffi ar y teledu? 11.	Find out where everyone is going on Saturday 12.	Dych chi'n byw yng Nghasnewydd? 13.	Ydy hi'n bwrw glaw? 14.	Find out who has children 15.
Find out where everyone comes from originally 20.	Ble mae'r tiwtor yn byw? 19.	Beth ydy 'I don't like beer' yn Gymraeg? 18.	Find out who is going shopping tomorrow? 17.	Beth ydy 'We're going, home tomorrow' yn Gymraeg? 16.
Beth ydy 'They've got three daughters' yn Gymraeg? 21.	Find out what everyone wants for breakfast tomorrow 22.	Dych chi'n gweithio? 23.	Beth ydy 'May I leave early?' yn Gymraeg? 24.	**Y Diwedd** 25.

B: **Mynd am baned neu beint** / *Going for a cuppa or a pint*

It is important to start using as much *Cymraeg* as possible. Below is a deialog you can use when buying a drink. Read through it *gyda'ch partner a gyda'ch tiwtor.*

Gaf i helpu?	-	*May I help?*
Coffi os gwelwch yn dda	-	*Coffi please*
Dych chi eisiau llaeth a siwgr?	-	*Do you want milk and sugar?*
Ydw, llaeth a dau siwgr	-	*Yes, milk and two sugars*
Dau ddeg ceiniog os gwelwch yn dda	-	*20 pence please*
Diolch yn fawr	-	*Thank you very much*
Diolch	-	*Thank you*

Gyda'ch partner, chwaraewch y gêm fwrdd i ymarfer gofyn am rywbeth yn y caffi (play the game to practise asking for something in the café). The first person to reach the *tŷ bach* (toilet) is the winner.

The *deialog* you have been practising corresponds to your first square.

⬛⬛⬛ = siwgr 🥛 = llaeth ☕ = coffi ☕ = te. If you land on the square you want to buy the *te/coffi* and your partner works in the *caffi.*

GÊM Y CAFFI

68

C.   Adolygu (*Revising*) Hoffi

Ask your partner whether they like the following. Then ask a new partner about their original partner.

	✓	✗
caws		
Coronation Street		
gwin		
rygbi		
Tom Jones		

Ch.   Yr Amser Gorffennol / *The Past Tense*

Cofiwch: Dw i'n bwyta   (*I eat, I'm eating*)

Dysgwch nawr: Bwytais i   (*I ate*)

Gyda'ch partner, fill in the table by following the pattern at the top.

1.   **2.**

Bwyta	>	Bwytais i
Gwisgo (*to dress*)	>	_____
Cysgu (*to sleep*)	>	_____
Ymolchi (*to wash*)	>	_____
Helpu	>	_____

Ffonio	>	Ffoniais i
Gweithio	>	_____
Nofio (*to swim*)	>	_____
Ymlacio (*to relax*)	>	_____
Smwddio (*to iron*)	>	_____

Dysgwch hefyd:

Siaradais i

Darllenais i

Cerddais i

Yfais i

As you can see, each verb (action word) has what we call a stem. These stems need to be learnt, but there are some rules:

If a verb ends in a single vowel, we drop that vowel   - **gwisgo > gwisgais i**

If a verb ends in io, we drop the O   - **ffonio > ffoniais**

If a verb ends in ed (or eg), we lose this ending   - **cerdded > cerddais i**

                                              rhedeg - (to run) . rhedais i

Eds will roll + Egs will smash!

D. Y Cwestiwn

Beth wnaethoch chi?   What did you do?
Beth wnest ti?

Use the *holiadur* below to ask members of the *dosbarth* what they did *bore ddoe* (yesterday morning), *prynhawn ddoe, a neithiwr* (last night). Try and keep the answers simple.

ENW	BORE DDOE	PRYNHAWN DDOE	NEITHIWR

Dd. Dysgwch:

Ffoniais i John   Bwytais i'r bara   Bwytais i fara

Ffoniais i fe   Yfais i'r gwin   Yfais i win

Ffoniais i chi   Darllenais i'r llyfr   Darllenais i lyfr

Ffoniais i nhw   Helpais i'r bachgen   Helpais i fachgen

As you have learnt, you have a *treiglad meddal* immediately following this past tense. Bara > Bwytais i fara.

Cyfieithwch / *Translate*:

I helped them   _____   I drank wine   _____

I wore them   _____   I drank the wine   _____

I ate the cheese   _____   I phoned the *tiwtor*   _____

E. Beth wnaeth hi/e? / *What did s/he do?*

Bwyt<u>odd</u> e   Ffoniodd <u>e</u>

Complete the table again.

1.

Gwisgo > _____ e

Cysgu > _____ hi

Ymolchi > _____ Siân

Helpu > _____ y plant

2.

Gweithio > _____ hi

Nofio > _____ e

Ymlacio > _____ y plant

Smwddio > _____ John

3.

Siarad > _____ e

Darllen > _____ e

Cerdded > _____ hi

Yfed > _____ hi

Rhedeg > _____ hi

Y Cwestiwn   -   Beth wnaeth e?
                     Beth wnaeth hi?

Gyda'ch partner, *ysgrifennwch* under every *llun* (picture) what the person did:

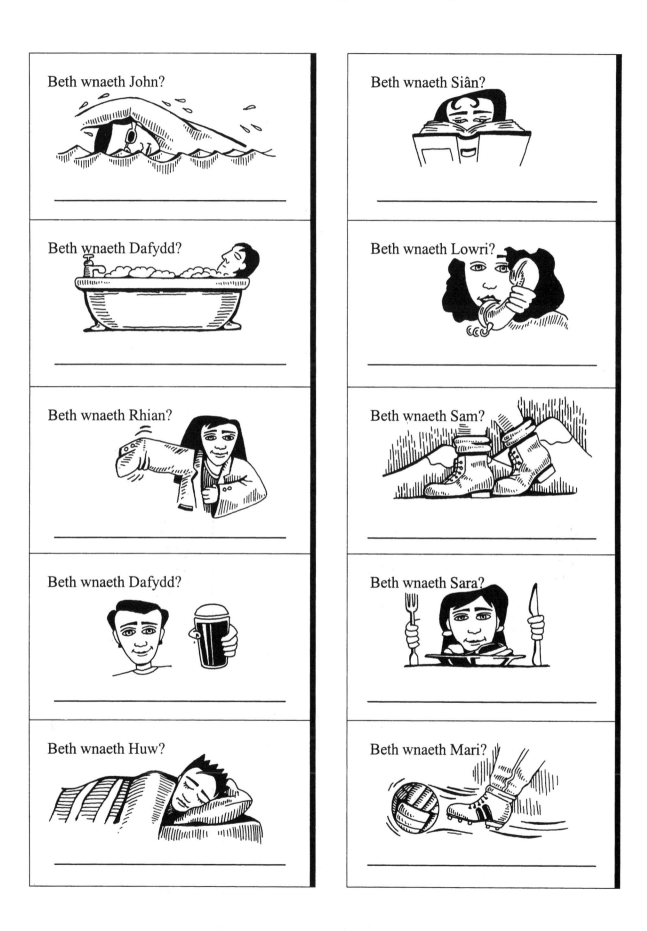

Beth wnaeth John?

Beth wnaeth Siân?

Beth wnaeth Dafydd?

Beth wnaeth Lowri?

Beth wnaeth Rhian?

Beth wnaeth Sam?

Beth wnaeth Dafydd?

Beth wnaeth Sara?

Beth wnaeth Huw?

Beth wnaeth Mari?

1. **Dych chi wedi dysgu**

1) Bwytais i, ffoniais i, cerddais i a.y.b.

2) Bwytodd e, ffoniodd hi, cerddodd Alun a.y.b.

3) Beth wnest ti, beth wnaethoch chi, beth wnaeth hi/e?

4) *Treiglad meddal* when something immediately follows: Bwytais i fara

2. **Geirfa**

ddoe	-	*yesterday*	nofio	-	*to swim*
neithiwr	-	*last night*	siarad	-	*to talk, speak*
ceiniog	-	*pence*	smwddio	-	*to iron*
cerdded	-	*to walk*	ymlacio	-	*to relax*
cysgu	-	*to sleep*	ymolchi	-	*to wash (oneself)*
gwisgo	-	*to dress, wear*			

---

1. **Atebwch y cwestiynau:**

Beth wnaethoch chi y bore 'ma? ....

Beth wnaethoch chi neithiwr? ....

Beth wnaethoch chi bore ddoe? ....

Beth wnaethoch chi dydd Gwener? ....

Beth wnaethoch chi dydd Sadwrn? ....

---

2. **Change the following, like the example;**

Ymlacio
<u>Ymlaciais i</u>

Siarad

_____ i

Ffonio

_____ hi

Nofio

_____ e

Rhedeg

_____ i

Darllen

_____ y plant

Cerdded

_____ hi

Bwyta

_____ i

Cysgu

_____ e

3. **Llenwch y bylchau yn y ddeialog ganlynol /** *Fill in the gaps in the following dialogue.*

A: Shwmae! Sut _____ chi?

B: _____ iawn, diolch. A _____ ?

A: Iawn. Beth _____ chi neithiwr?

B: _____ i lyfr.

A: A chi. Beth wnaethoch _____ ?

B: _____ i ffrind.

4. *Nodwch bump* **useful words/phrases from this** *uned.*

un   _____

dau   _____

tri   _____

pedwar   _____

pump   _____

76

UNED NAW

DIGWYDDIADAU YN Y GORFFENNOL
PAST EVENTS

A. **Bôn y ferf /** *Verb stems*

Write the stem for each of these verbs.

Bwyta	_____	Agor	_____	Ffonio	_____
Gwisgo	_____	Darllen	_____	Gweithio	_____
Cysgu	_____	Edrych	_____	Nofio	_____
Ymolchi	_____	Chwarae	_____	Ymlacio	_____
Helpu	_____	*(play)*		Smwddio	_____
Dysgu	_____			Smocio	_____
Seiclo	_____			Parcio	_____
				Teipio	_____
				Dawnsio	_____
				Coginio	_____

B. **Dych chi'n cofio?:**

To say: I ate   =   Bwyt +   ais   i

                +   Stem   past ending according to person

         I phoned   =   Ffoni +   ais   i

                    Stem   past ending according to person

I ddweud: s/he wore   =   Gwisg +   odd hi/e

                    Stem   past ending according to person

         s/he worked   =   Gweithi +   odd hi/e

                    Stem   past ending according to person

77

C.   Dysgwch:

STEM + ENDING

	I ate	-	Bwyt - ais i
(friendly)	You ate	-	Bwyt - aist ti
	He/she ate	-	Bwyt - odd e/hi
	We ate	-	Bwyt - on ni
(formal)	You ate	-	Bwyt - och chi
	They ate	-	Bwyt - on nhw

Follow the above pattern with the following verbs.

	GWEITHIO	HELPU	DARLLEN
I	_____ __	_____ __	_____ __
You (informal)	_____ __	_____ __	_____ __
He/she	_____ __	_____ __	_____ __
We	_____ __	_____ __	_____ __
You (formal)	_____ __	_____ __	_____ __
They	_____ __	_____ __	_____ __

Ch.   Dyddiadur Gwyliau Gruff + Guto / *Gruff + Guto's HolidayDiary*

1.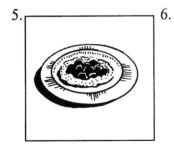

CODI

2.

BWYTA BRECWAST

3.

NOFIO
YN Y MÔR

4.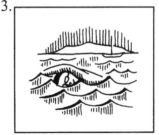

CHWARAE
PÊL-DROED

5.

BWYTA CINIO

6.

CYSGU YN YR
HAUL

7.

DARLLEN
LLYFRAU

8.

DAWNSIO
MEWN DISGO

78

Fill in their diary

Yn gyntaf 1._____ ni, wedyn 2. _____ ni frecwast cyn cerdded i'r traeth ble

3. _____ ni yn y môr. 4. _____ ni bêl-droed trwy'r prynhawn ac wedyn

5. _____ni ginio mewn caffi bach ger y traeth. 6. _____ ni yn yr haul a

7. _____ ni lyfrau cyn mynd yn ôl i Hotel Hapus a chael bath. Wedyn

8. _____ ni mewn disgo tan 3a.m.

Poor old Gareth (Guto + Gruff's brother) is back *ym Margoed yn gweithio*. Tell Gareth what Guto + Gruff did *ddoe* (yesterday):

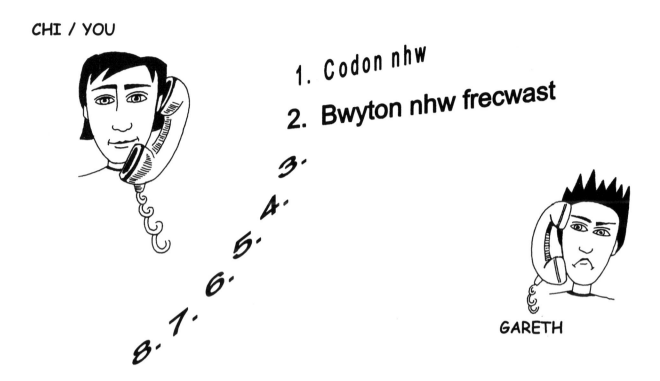

CHI / YOU

1. Codon nhw
2. Bwyton nhw frecwast
3.
4.
5.
6.
7.
8.

GARETH

Yn y gwely that night, Gareth thinks about all the things he did *ddoe*:

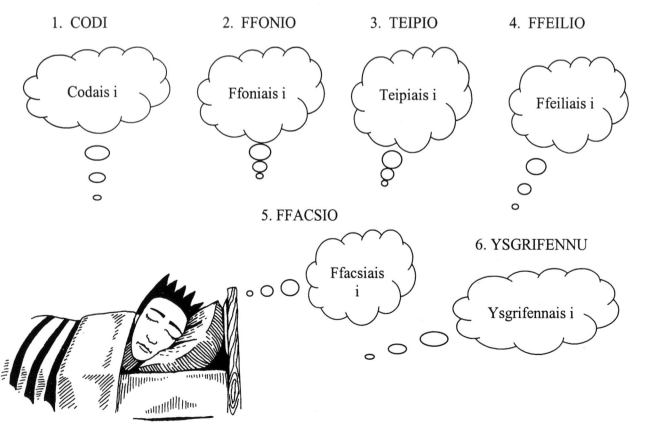

1. CODI

Codais i

2. FFONIO

Ffoniais i

3. TEIPIO

Teipiais i

4. FFEILIO

Ffeiliais i

5. FFACSIO

Ffacsiais i

6. YSGRIFENNU

Ysgrifennais i

Now, *ffoniwch* (phone) Gareth + Gruff to tell them what Gareth did yesterday.

GUTO   **GRUFF**

1. Cododd e

2.

3.

4.

5.

6.

CHI/YOU

RE CAP

1.   **Dych chi wedi dysgu:**

Bwyt<u>ais i</u>
Bwyt<u>aist ti</u>
Bwyt<u>odd e/hi</u>
Bwyt<u>on ni</u>
Bwyt<u>och chi</u>
Bwyt<u>on nhw</u>

2.   Verbs stems

2.   **Geirfa**

cyn	-	*before*	môr	-	*sea*
ger	-	*near*	pêl-droed	-	*football*
wedyn	-	*afterwards*	traeth	-	*beach*
yn ôl	-	*back*	cael	-	*to have*
yn gyntaf	-	*firstly*	coginio	-	*to cook*
trwy'r prynhawn	-	*all afternoon*	chwarae	-	*to play*
haul	-	*sun*			

---

1. **Beth wnaethoch chi yr wythnos diwethaf (*last week*)?**
   Cadwch ddyddiadur syml / *Keep a simple diary.*

   Dydd Llun   _____

   Dydd Mawrth   _____

   Dydd Mercher   _____

   Nos Iau   _____

   Dydd Gwener   _____

   Nos Sadwrn   _____

   Nos Sul   _____

---

2. **Llenwch y bylchau / *fill in the gaps***

   _____ ni (coginio)   _____ i (cerdded)

   _____ nhw (codi)   _____ nhw (darllen)

   _____ i (chwarae)   _____ hi (dawnsio)

   _____ e (ateb)   _____ ni (ymlacio)

   _____ ni (bwyta)   _____ ti (smwddio)

3. **Treiglwch y geiriau canlynol os oes eisiau.** *Mutate the following words, if need be.*

Bwyton ni _____ (afal)

Coginion ni _____ (bacwn)

Agoron ni _____ (potelaid o wisgi)

Atebon ni _____ (cwestiwn)

Chwaraeon ni _____ (pêl-droed)

Darllenon ni _____ (llyfr)

Smocion nhw _____ (sigaret)

Yfon nhw _____ (gwin)

Ysgrifennon nhw _____ (dyddiadur)

Bwyton nhw _____ (tatws)

---

4. *Nodwch bump* useful words / phrases from this *uned.*

un _____

dau _____

tri _____

pedwar _____

pump _____

UNED DEG

CWESTIYNAU YN Y GORFFENNOL /
QUESTIONS IN THE PAST

A.   Adolygu – Trafod Gweithgareddau'r Wythnos / *Discussing the Week's Activities*

Siaradwch â thri aelod o'r dosbarth (speak to three members of the class). *Gofynnwch beth wnaethon nhw* (what they did) on each of the days of the week (*wythnos*). When you give your answers, if you went somewhere or did something with someone else, give the we answer, *e.e. nofion ni*

Cofiwch – keep your answers simple

	PERSON 1	PERSON 2	PERSON 3
DYDD SUL			
DYDD LLUN			
NOS FAWRTH			
DYDD MERCHER			
DYDD IAU			
NOS WENER			
DYDD SADWRN			

B.   Gofyn Cwestiwn yn y Gorffennol / *Asking a question in the past*:

Cofiwch: atebaist ti
            ateboch chi

I ofyn cwestiwn, simply change your voice   atebaist ti?
                            ateboch chi?

The same is true of all other verbs, but if one begins with   T B Ll   there is a *treiglad meddal*
                                C G M
                                P D Rh

Dysgwch:

| TEIPIO | deipi<u>aist ti</u>? | - |
| | deipio<u>ch chi</u>? | - |

| CODI | god<u>aist ti</u>? | - |
| | godo<u>ch chi</u>? | - |

| PARCIO | barci<u>aist ti</u>? | - |
| | barci<u>och chi</u>? | - |

| BWYTA | fwyt<u>aist ti</u>? | - |
| | fwyt<u>och chi</u>? | - |

| GOFYN | ofynn<u>aist ti</u> | - |
| | ofynn<u>och chi</u>? | - |

| DARLLEN | ddarllen<u>aist ti</u>? | - |
| | ddarllen<u>och chi</u>? | - |

| LLWYDDO | lwydd<u>aist ti</u>? | - |
| | lwydd<u>och chi</u>? | - |

| MYNNU | fynn<u>aist ti</u>? | - |
| | fynn<u>och chi</u>? | - |

| RHOI | roi<u>aist ti</u>? | - |
| | roi<u>och chi</u>? | - |

Chwaraewch y gêm fwrdd (board game) *gyda'ch partner. Bydd angen dîs a chownteri arnoch chi.* (You'll need a dice and counters). *Atebwch y cwestiwn pan laniwch ar y sgwâr* (when you land on the square).

Y DECHRAU	Edrychoch chi ar y teledu neithiwr?	Weithioch chi ddoe?	Fwytoch chi ddoe?	Ewch ymlaen 3	Ffonioch chi adre ddoe?
Gerddoch chi i'r dosbarth?	Ewch yn ôl 5	Ymolchoch chi y bore 'ma	Weithioch chi yn y tŷ ddoe?	Godoch chi cyn wyth heddiw?	Ddarllenoch chi'r papur ddoe?
Fwytoch chi losin (*sweets*) ddoe?	Beth weloch chi ar y teledu dydd Sul?	Ewch ymlaen 2	Gysgoch chi'n dda neithiwr?	Goginioch chi ddoe?	Weithioch chi dydd Sadwrn?
Gysgoch chi'n dda neithiwr?	Ymlacioch chi neithiwr?	Gerddoch chi i'r dosbarth?	Ewch yn ôl 4	Arhosoch chi gartre nos Sadwrn?	Yfoch chi goffi y bore 'ma?
Yfoch chi wisgi a dŵr nos Sadwrn?	Pwy ffonioch chi dydd Sadwrn?	Chwaraeoch chi bêl-droed yr wythnos diwethaf?	Seicloch chi i'r dosbarth?	Ewch ymlaen 6	Chwaraeoch chi snwcer ddoe?
Agoroch chi ffenest yn y tŷ bore 'ma?	Ewch yn ôl 1	Goginioch chi swper ddoe?	Ddarllenoch chi'r papur y bore 'ma?	Edrychoch chi ar y teledu y bore 'ma?	Fwytoch chi sglodion (*chips*) ddoe?
Ewch ymlaen 5	Chwaraeoch chi Monopoly yr wythnos diwethaf?	Edrychoch chi ar Coronation Street yr wythnos diwethaf?	Wylioch chi ffilm yr wythnos diwetha?	Fwytoch chi siocled ddoe?	Yfoch chi win yr wythnos diwethaf?
Pwy weloch chi ar y teledu ddoe?	Deipioch chi ddoe?	Fwytoch chi deisien ddoe?	Ysgrifennoch chi at ffrind yr wythnos diwethaf?	Ymlacioch chi nos Sadwrn?	Ewch yn ôl 2
Siaradoch chi â ffrind ddoe?	Helpoch chi ffrind ddoe?	Yfoch chi lager nos Sadwrn?	Yrroch chi ddoe?	Fwytoch chi dost i frecwast y bore 'ma?	**Y DIWEDD**

Nawr, gofynnwch *i'ch partner* whether they did the following ddoe. *Cofiwch*, you can use the ti (**godaist ti'n gynnar ddoe?**) or the chi (**godoch chi'n gynnar ddoe?**) version. *Wedyn* you'll work *gyda phartner newydd* (a new partner) and you'll ask questions about his or her *partner gwreiddiol*, e.e.

	Partner 1		Partner 2	
	✓	✗	✓	✗
codi cyn 7				
darllen y papur				
coginio				
edrych ar y teledu				
ffonio ffrind				
cysgu'n dda				
darllen llyfr				
golchi'r llestri (*wash the dishes*)				
siarad Cymraeg				
bwyta swper				

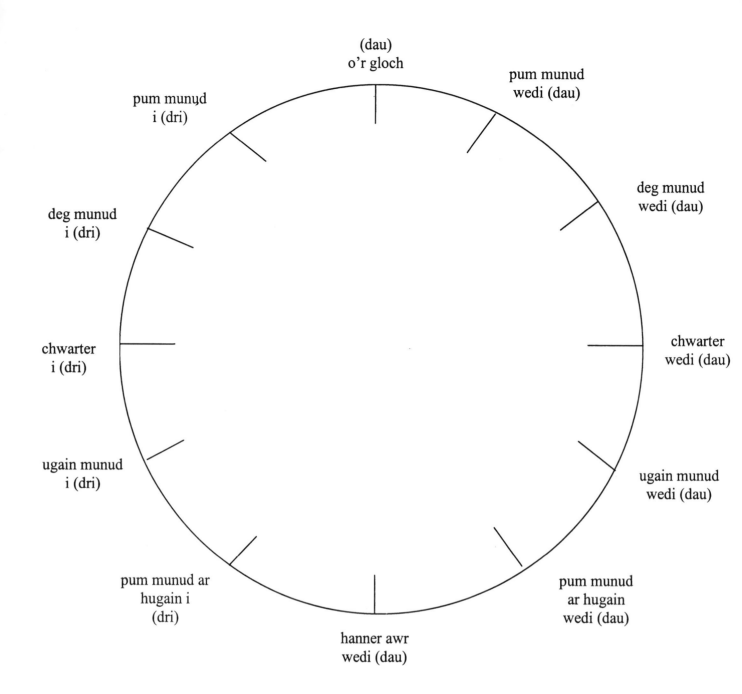

(dau)
o'r gloch

pum munud
wedi (dau)

deg munud
wedi (dau)

chwarter
wedi (dau)

ugain munud
wedi (dau)

pum munud
ar hugain
wedi (dau)

hanner awr
wedi (dau)

pum munud ar
hugain i
(dri)

ugain munud
i (dri)

chwarter
i (dri)

deg munud
i (dri)

pum munud
i (dri)

Faint o'r gloch ydy hi?

dau o'r gloch

un ar ddeg (11) o'r gloch

deuddeg (12) o'r gloch

Mae hi'n ddau o'r gloch

Mae hi'n un ar ddeg o'r gloch

Mae hi'n ddeuddeg o'r gloch

Gyda'ch partner, ysgrifennwch faint o'r gloch ydy hi:

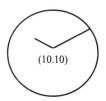

(10.10)

(2.35)

_____

_____

(3.20)

(1.50)

_____

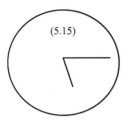

(5.15)

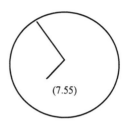

(7.55)

_____

Faint o'r gloch codoch chi heddiw?

Codais i am bum munud ar hugain wedi chwech

Faint o'r gloch bwytoch chi ginio?

Bwytais i ginio am ddeuddeg o'r gloch

89

Gofynnwch gwestiynau i'ch partner yn y gorffennol (*in the past tense*) yn dechrau gyda'r 'faint o'r gloch'

?   **Ateb**

codi heddiw   am _____

bwyta brecwast   am _____

codi ddoe   am _____

bwyta cinio ddoe   am _____

gwisgo ddoe   am _____

Yn olaf (finally), *dilynwch y patrwm.* Follow the pattern, *gyda'ch partner*, to create questions beginning with *faint o'r gloch*:

1. golchi + nhw + y llestri?   ____Faint o'r gloch golchon nhw'r llestri?

2. Faint o'r gloch + darllen + hi + y papur?   _____

3. Faint o'r gloch + agor + chi + y post?   _____

4. Faint o'r gloch + bwyta + e + brecwast?   _____

5. Faint o'r gloch + codi + ni   _____

6. Faint o'r gloch + chwarae + ti + pêl-droed?   _____

7. Faint o'r gloch + edrych + chi + ar y teledu?   _____

8. Faint o'r gloch + ffonio + nhw?   _____

9. Faint o'r gloch + parcio + ni + y car?   _____

10. Faint o'r gloch + golchi + e + y llestri?   _____

RE CAP

1. **Dych chi wedi dysgu:**

1) *Questions in the past tense* - Treiglad Meddal
   e.e. Lwyddoch chi? Do/Naddo.

2) Yr Amser ar y cloc.

3) Faint o'r gloch codoch chi?

2. **Geirfa**

allan	-	*out*	golchi	-	*to wash*
ymlaen	-	*on(wards)*	llwyddo	-	*to succeed*
aelod	-	*member*	mynnu	-	*to insist*
dŵr	-	*water*	rhoi	-	*to put, give*
llestri	-	*dishes*	diwetha	-	*last*
wythnos	-	*week*			

1.   **Atebwch y cwestiynau:**

Dych chi'n gweithio? _____

Weithioch chi ddoe? _____

Godoch chi cyn deg o'r gloch heddiw? _____

Oes car gyda chi? _____

Gerddoch chi i'r dosbarth? _____

Ydy'r tiwtor yn dod o Gymru? _____

Dych chi'n byw yn Llanelli? _____

Edrychoch chi ar y teledu neithiwr? _____

Oes llyfr Cymraeg gyda chi? _____

Dych chi'n mynd allan yfory? _____

2.   **Y tro hwn, ysgrifennwch y cwestiynau /** *This time make up the questions*

_____ ? DO

_____ ? NAC YDW

_____ ? NADDO

_____ ? OES

_____ ? YDY

_____ ? YDW

_____ ? NAC OES

_____ ? DO

_____ ? NAC YDY

_____ ? YDW

3.   **Ysgrifennwch yr amser:**

4	**10**	⊘

_____

3	**40**	⊘

_____

11	**55**	⊘

_____

4	**40**	⊘

5	**10**	⊘

_____

1	**50**	⊘

_____

8	**15**	⊘

_____

10	**15**	⊘

_____

4. ***Nodwch bump*** **useful words / phrases from this** ***uned.***

un   _____

dau   _____

tri   _____

pedwar _____

pump   _____

UNED UN AR DDEG

Y NEGYDDOL YN Y GORFFENNOL /
THE NEGATIVE IN THE PAST

A.   Adolygu

_____

B.   Negyddol / Negative

Nofiais i   →   I swam
Nofiais i ddim   →   I didn't swim

ddim tells us
it's negative

Nofiais i | ddim |
Smociais i | ddim |
Smwddiais i | ddim |
Seiclais i | ddim |
Chwaraeais i | ddim |

Translate:

We swam   _____

We didn't swim   _____

She ironed   _____

She didn't iron   _____

They smoked   _____

They didn't smoke _____

DDOE		**ECHDDOE**
Edrychais i ar y teledu ddoe	OND	edrychais i ddim ar y teledu echddoe
Edrychon nhw ar y ffilm ddoe	OND	edrychon nhw ddim ar y ffilm echddoe
Agorodd e [amlen] ddoe	OND	_____
Ffoniais i ffrind ddoe	OND	_____
Seiclodd hi i'r gwaith ddoe	OND	_____
Siopaist ti yn Asda ddoe	OND	_____
Yfon ni wisgi ddoe	OND	_____
Helpoch chi yn yr ardd (*garden*) ddoe	OND	_____
Nofiodd e yn y môr ddoe	OND	_____

C.   Beth ydy'r berfau yma? / *What are these verbs?*

+

*   *Nawr* tell your *partner* that you <u>did</u> *pump* of these things *ddoe* and the other *pedwar echddoe*.

96

Mae Jon yn ddiog (*lazy*!) Wnaeth e ddim byd ddoe! *He did nothing* ddoe!

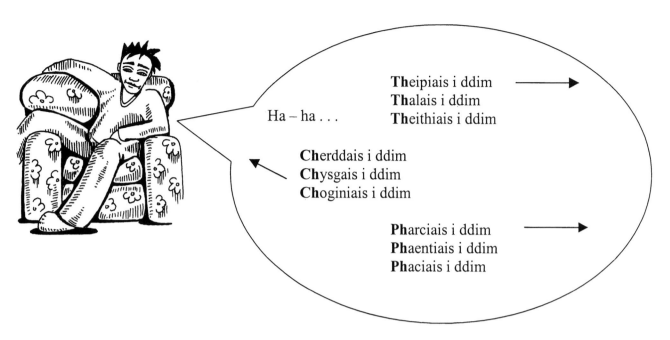

Ha – ha . . .

Theipiais i ddim
Thalais i ddim
Theithiais i ddim

Cherddais i ddim
Chysgais i ddim
Choginiais i ddim

Pharciais i ddim
Phaentiais i ddim
Phaciais i ddim

When we turn a verb in the past
tense into the negative
we change

T - Th
C - Ch
P - Ph

This is called an aspirate mutation (*Treiglad llaes*)

Trowch i'r negyddol / *Turn to the negative*

Teipiodd e _____

Talon ni _____

Teithion nhw _____

Cerddodd hi _____

Cysgoch chi _____

Coginiaist ti _____

Pwyntiais i _____

Pacion ni _____

Parciodd e _____

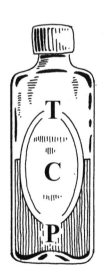

add an 'h' + ddim

So: we have changed

- Th
- Ch
- Ph

OND *what happens to:*

Blinkin   **Ll**ywelyn
Good   +   **M**arried   *this time?*
Disinfectant   **Rh**iannon

Ch.

Cofiwch:

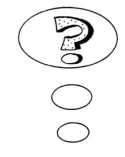

Darllen	-	Ddarllenaist ti?
Gofyn	-	Ofynnaist ti?
Bwyta	-	Fwytaist ti?
Mynnu	-	Fynnaist ti?
Rhoi	-	Roiaist ti?
Llwyddo	-	Lwyddaist ti?

the same happens in the negative:

Ddarllenaist ti ddim
Ofynnaist ti ddim
Fwytaist ti ddim
Fynnaist ti ddim
Roiaist ti ddim
Lwyddaist ti ddim

Say 'he didn't' each time:

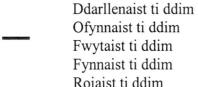 Dawnsio   <u>Ddawnsiodd e ddim</u>

 Golchi   _____

 Blasu (*to taste*)   _____

 Mwynhau   _____

 Rhedeg (*to run*)   _____

 Lladd (*to kill*)   _____

D.   **Edrychwch ar y brawddegau yma** (*look at these sentences*) **gyda'ch partner**

Talais i am y tocyn	-	I paid for the ticket
T̲halais i ddim am y tocyn	-	I didn't pay for the ticket
Clywais i am y rhaglen	-	I heard about the programme
C̲h̲lywais i ddim am y rhaglen	-	I didn't hear about the programme
Prynais i fara	-	I bought bread
P̲h̲rynais i ddim bara	-	I didn't buy bread
Bwytais i frecwast	-	I ate breakfast
F̲wytais i ddim brecwast	-	I didn't eat breakfast
Gyrrais i i'r dref	-	I drove to town
Y̲rrais i ddim i'r dref	-	I didn't drive to town
Daliais i fws	-	I caught a bus
D̲daliais i ddim bws	-	I didn't catch a bus
Llwyddais i	-	I succeeded
L̲wyddais i ddim	-	I didn't succeed
Mynnais i weld y bos	-	I insisted on seeing the boss
F̲ynnais i ddim gweld y bos	-	I didn't insist on seeing the boss
Rhedais i yn y ras	-	I ran in the race
R̲edais i ddim yn y ras	-	I didn't run in the race

As you will see from the above, *mae
dau dreiglad yn y negyddol* (there are two
mutations in the negative). If the verb begins with
T,C,P – there is the *treiglad llaes* (aspirate mutation) but if it begins with
D,G,B,M,Ll,Rh we have the *treiglad meddal* (soft mutation).
Note also how there is no *treiglad meddal*
following the negative.
'Ces i frecwast y bore 'ma.'
'Ches i ddim brecwast y bore 'ma.'

Gyda'ch partner, make a list of *pump o fwydydd* (five foods) neither of you ate *ddoe*.
Trafodwch yn Gymraeg. Discuss everything in Welsh. *Rhaid i chi ofyn i'ch partner* first of
all to discover what they didn't eat.

      e.e.   Fwytoch chi stêc?
           Fwytaist ti stêc?   **DO/NADDO**

Y GWANWYN (*Spring*)

gweld y gêm rygbi

gweithio ar y fferm

sgio

GARETH

YR HAF (*Summer*)

gwisgo siwmper

edrych ar y teledu

eistedd ger y tân

HELEN

YR HYDREF (*Autumn*)

darllen difyr

prynu dillad haf

talu bil

HUW

Y GAEAF (*Winter*)

nofio yn y môr

gwisgo bikini

eistedd yn yr ardd

GWEN

What <u>didn't</u> they do in each *tymor* (season)?

GARETH

Welais i ddim gêm rygbi

_____

_____

Wisgais i ddim siwmper

_____

_____

HELEN

HUW

careful*

Ddarllenais i ddim llyfr

_____

_____

Nofiais i ddim yn y môr

_____

_____

GWEN

Say 3 *pheth* you did / didn't do:

+		—	
_____	yr haf diwetha	_____	yr hydref diwetha
_____	yr haf diwetha	_____	yr hydref diwetha
_____	yr haf diwetha	_____	yr hydref diwetha
_____	y gaeaf diwetha	_____	y gwanwyn diwetha
_____	y gaeaf diwetha	_____	y gwanwyn diwetha
_____	y gaeaf diwetha	_____	y gwanwyn diwetha

RE CAP

1. **Dych chi wedi dysgu:**

1) Nofiais i ddim
   Smwddiais i ddim
   Seiclais i ddim

2) Thalon ni ddim
   Chysgon ni ddim
   Phacion ni ddim

T - Th
C - Ch
P - Ph

Treiglad Llaes
(*Aspirate Mutation*)

3) Ddysgon ni ddim
   Ofynnon ni ddim
   Fwyton ni ddim
   Fynnon ni ddim
   Roion ni ddim
   Lwyddon ni ddim

D   - Dd
G   - /
B   - F
M   - F
RH - R
LL - L

Treiglad Meddal
(*Soft Mutation*)

4) Y Tymhorau (*Seasons*)

2. **Geirfa**

Gwanwyn	-	*Spring*
Haf	-	*Summer*
Hydref	-	*Autumn*
Gaeaf	-	*Winter*
y llynedd	-	*last year*
tymor	-	*season*
gardd	-	*garden*
tân	-	*fire*
gormod	-	*too much*

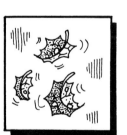

1) **Trowch i'r negyddol:**

Dysgais i _____   Smociodd e _____

Bwytodd e _____   Dawnsiaist ti _____

Talon ni _____   Cerddon nhw _____

Cysgodd hi _____   Paentioch chi _____

Ffonion nhw _____   Rhoiais i _____

Parciais i _____   Siaradon nhw _____

2) **Cerdyn post Gareth**

Darllenwch y cerdyn ac atebwch y cwestiynau:

Annwyl Mair,

Sut wyt ti? Dw i'n cael amser da ac mae'r tywydd yn braf. Ddoe, codais i am ddeg o'r gloch a nofiais i yn y pwll cyn brecwast. Darllenais i nofel trwy'r prynhawn a bwyta ac yfed gormod (*too much*) gyda'r nos.

Dyna sioc!

Cariad,

Gareth

Mair Jones

35 Stryd y Llan

Llanaber

Cymru

2b. **Atebwch y cwestiynau:**

1. Ydy Gareth yn cael amser da?

    _____

2. Ydy'r tywydd yn oer?

    _____

3. Gododd e am naw o'r gloch ddoe?

    _____

4. Nofiodd e yn y môr?

    _____

5. Ddarllenodd e trwy'r bore?

    _____

6. Fwytodd e ormod?

    _____

---

3. *Nodwch bump* useful words / phrases from this *uned*.

un _____

dau _____

tri _____

pedwar _____

pump _____

A. Fy Nyddiadur, Dydd Sadwrn Mis Ionawr (*January*) 1999

Ddoe, codais i am wyth o'r gloch a golchais i'r car. Roedd hi'n braf ☀. Es i i

siopa yn Tesco gyda fy ffrind Sara yn y bore, ac aethon ni i gaffi bach i gael cinio. Bwytais i

salad ham ac yfais i win coch 🍷 . Es i adre i weithio yn yr ardd yn y prynhawn. Wedyn,

am bedwar o'r gloch es i i'r ganolfan hamdden i nofio. Nofiais i am ddwy awr ac wedyn es i

i'r dafarn gyda fy nghariad ♥. Gofynnodd e "Ble est ti heddiw?" "Wel, es i siopa, es i i

gaffi, i gael cinio ac es i i nofio. "Ble est ti Tomos?" "Es i i'r gwaith ac es i i weld ffrind"

Ar ôl y dafarn aethon ni i ddisgo ac aethon ni adre am un o'r gloch y bore.

Beth ŷdy? / *What is?*

I went shopping   _____

I went to the pub   _____

I went swimming   _____

I went to the leisure centre   _____

I went to see a friend   _____

I went to work   _____

I went home   _____

We went to the disco   _____

We went home   _____

We went to a small café   _____

Where did you go today?   _____

I went	Es i
You went	Est ti
We went	Aethon ni

Ask 5 *o bobl* where they went *ddoe / neithiwr / echddoe*

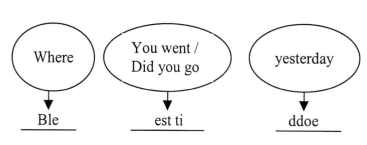

Where	You went / Did you go	yesterday	?
↓	↓	↓	
Ble	est ti	ddoe	?

	Enw	Ddoe	Echddoe	Dydd Sadwrn
1.				
2.				
3.				
4.				
5.				

Here are some possible answers:

Es i i'r gwaith	Es i i Abertawe
Es i i'r dafarn	Es i i Gaerdydd
Es i i'r banc	Es i i nofio
Es i i'r Ganolfan Hamdden	Es i i chwarae tenis
Es i i'r Swyddfa Bost	Es i i siopa
↓	↓
to the	to

B. **Dyma holiadur (*questionnaire*) Tim ar gyfer ei brosiect ysgol:**

HOLIADUR

1. Ble aethoch chi ar wyliau yr haf diwethaf?

2. Ble aethoch chi i siopa yr wythnos diwethaf?

3. Pryd aethoch chi i nofio ddiwethaf?

4. Pryd aethoch chi i'r dafarn ddiwethaf?

5. Sut aethoch chi i'r gwaith ddoe?

6. Sut aethoch chi i'r dafarn ddiwethaf?

7. Aethoch chi i'r capel dydd Sul?

8. Aethoch chi i'r banc ddoe?

Aethon ni i Ffrainc

Aethon ni i Safeway

_____ i nofio dydd Mawrth

_____ i'r dafarn neithiwr

_____ yn y car

_____ ar y bws

Do, _____ i'r capel dydd Sul

Naddo, _____ i ddim i'r banc ddoe

CANLYNIADAU (*RESULTS*)

1. **Aethon nhw i Ffrainc ar wyliau haf**

2. _____ i _____ i siopa

3. _____ i nofio dydd _____

4. _____ i'r _____ neithiwr

5. _____ i'r gwaith _____ y _____

6. _____ i'r dafarn _____ y _____

7. _____ i'r _____ dydd Sul

8. _____ i ddim i'r _____ ddoe

Es i	-	I went
Est ti	-	You went (*friendly*)
_____	-	He/She went
Aethon ni	-	We went
Aethoch chi	-	You went (*formal*)
Aethon nhw	-	They went

All the above can be used to ask a *cwestiwn* as well as to express a positive statement. All you have to do is change your voice to make it sound like a *cwestiwn*. Your *tiwtor* will help you with this.

Est ti (*you went*)	Est ti? (*did you go?*)
Aethoch chi (*you went*)	Aethoch chi? (*did you go?*)
Aethon nhw (*they went*)	Aethon nhw? (*did they go?*)

Mae Ceri yn gweithio fel air hostess i BA. Ble aeth e/hi y llynedd?

 Aeth Ceri i Ffrainc ym mis Ionawr

 Aeth Ceri i'r Caribî ym mis Chwefror

 Aeth Ceri i Sbaen ym mis Mawrth

 Aeth Ceri i Sweden ym mis Ebrill

 Aeth Ceri i'r Almaen ym mis Mai

 Aeth hi i'r Eidal ym mis Mehefin

 Aeth hi i'r Alban ym mis Gorffennaf

 Aeth hi i India ym mis Awst

 Aeth hi i Nepal ym mis Medi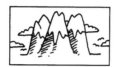

 Aeth hi i Tseina ym mis Hydref

 Aeth hi i America ym mis Tachwedd

Aeth hi i Hwngari ym mis Rhagfyr

(Ble) aeth hi ym mis Chwefror? _____

Ble aeth Ceri ym mis Medi? _____

Ble aeth hi ym mis Mehefin? _____

(Pryd) aeth Ceri i Nepal? _____

Pryd aeth Ceri i Hwngari? _____

Pryd aeth Ceri i Ffrainc? _____

Mae'n *bosibl* to slot *cwestiwn* words like:
in front of the sentences

Ble?	-	*Where?*
Pryd?	-	*When?*
Sut?	-	*How?*
Gyda phwy?	-	*With who?*
Pam?	-	*Why?*
Faint o'r gloch?	-	*What time?*

+	?
I went _____	Did I go _____ ?
You went _____	Did you go _____ ?
He/She went _____	Did he/she go _____ ?
We went _____	Did we go _____ ?
They went _____	Did they go _____ ?

Think back to the last unit. Which word suggests the negative?

DDIM

There is no mutation this time because <u>Es</u> and <u>Aeth</u> don't mutate / change

So, if (Es i) how do we make it negative?

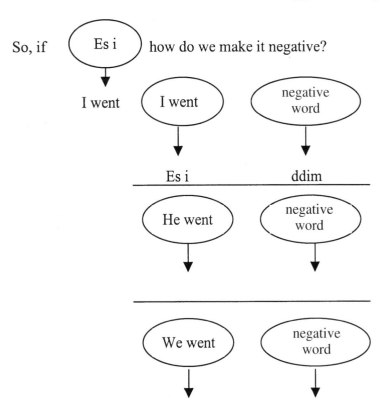

I went

(I went) (negative word)

_____ Es i _____ ddim _____

(He went) (negative word)

_____

(We went) (negative word)

_____

Turn these sentences into the negative:

Es i i'r parc _____

Est ti i'r theatr _____

Aeth e i'r sinema _____

Aeth hi i'r dafarn _____

Aethon ni i'r banc _____

Aethoch chi i'r Swyddfa Bost _____

Aethon nhw i'r Ganolfan Hamdden _____

110

RE CAP

1. **Dych chi wedi dysgu:**

1)

+	?	—
Es i	Es i?	Es i ddim
Est ti	Est ti?	Est ti ddim
Aeth e/hi	Aeth e/hi?	Aeth e/hi ddim
Aethon ni	Aethon ni?	Aethon ni ddim
Aethoch chi	Aethoch chi?	Aethoch chi ddim
Aethon nhw	Aethon nhw?	Aethon nhw ddim

2)

Ionawr	Gorffennaf
Chwefror	Awst
Mawrth	Medi
Ebrill	Hydref
Mai	Tachwedd
Mehefin	Rhagfyr

2. **Geirfa**

parc	-	*park*	Canolfan Hamdden	-	*Leisure Centre*
theatr	-	*theatre*	pryd?	-	*when?*
sinema	-	*cinema*	i'r gwaith	-	*to work*
banc	-	*bank*	gwin coch	-	*red wine*
Swyddfa Bost	-	*Post Office*			

1. **Mae Sara a Siwan yn y dafarn ac mae Sara yn dweud wrth (*tells*) Siwan beth wnaeth hi (*what she did*) dros y Sul (*over the weekend*). What is she saying?**

2. **Y noson honno (*that night*), mae Siwan ar y ffôn gyda Marged, ac mae Marged yn gofyn (*asks*) *where Sara went over the weekend*. *Tell Marged 4 things Sara did.***

Ble aeth Sara dros y Sul?

3. Cyfieithwch / *Translate*:

We went _____

They didn't go _____

He went _____

You didn't go _____

She didn't go to the park _____

We went to the bank _____

I didn't go to the party _____

She went to France _____

They went to the Post Office _____

We didn't go to Penarth _____

---

4. Cyfieithwch:

Where? _____ Why? _____ How? _____ When? _____

With who? _____

Ysgrifennwch y cwestiwn cywir (*correct*) gyferbyn (*opposite*) â'r ateb cywir.

_____ ? Es i yn y car

_____ ? Aethon nhw ddoe

_____ ? Aeth e gyda Jac

_____ ? Aethon ni i Abertawe

_____ ? Aethon ni i barti pen-blwydd (*birthday*)

_____ ? Es i echddoe

_____ ? Aeth hi mewn tacsi

_____ ? Es i i Sbaen

5. **Nodwch *bump* useful words/phrases from this *uned*.**

un _____

dau _____

tri _____

pedwar _____

pump _____

GWNEUD – *TO MAKE*
DOD - *TO COME* / **DOD Â** – *TO BRING*
DIGWYDDIADAU YN Y GORFFENNOL
/EVENTS IN THE PAST

A.   **Adolygu**   * (Nodyn i'r tiwtor – Angen dis a chownteri)

DECHRAU →	Beth ydy "I went shopping" yn Gymraeg?	Aethoch chi i'r dafarn yr wythnos diwetha?		Beth ydy "They went to the theatre" yn Gymraeg?	EWCH YN ÔL I'R DECHRAU ↓
Beth ydy "They didn't go to work" yn Gymraeg? ↓	EWCH YMLAEN 3	Sut aethoch chi adre o'r dosbarth Cymraeg diwetha?	Beth ydy "I didn't go to Spain" yn Gymraeg?	Ble aethoch chi ddoe? ←	Beth ydy "He went to the pub" yn Gymraeg?
Beth ydy "Did you go to England?" yn Gymraeg?	YMLACIWCH (*relax*)	Aethoch chi ar wyliau y llynedd? →	EWCH YMA	EWCH YN ÔL 2	Beth ydy "What time did they go to the bank?" yn Gymraeg? ↓
Beth ydy "Why did you go home?" yn Gymraeg? ↓	Beth ydy "We went to the park" yn Gymraeg?	Pryd aethoch chi i nofio ddiwetha?	Beth ydy "How did you go to the party?" yn Gymraeg?	Beth ydy "Did you go home?" yn Gymraeg? ←	Beth ydy "She didn't go to the bank" yn Gymraeg?
Beth ydy "He went home" yn Gymraeg? →	Beth ydy "How did they go to work?" yn Gymraeg?	Faint o'r gloch aethoch chi i'r gwely neithiwr?	EWCH YMA	Ble aethoch chi nos Sadwrn?	YMLACIWCH (Relax) ↓
DIWEDD	EWCH YMA	Beth ydy "Did they go to the Post Office?" yn Gymraeg?	YMLACIWCH (*relax*)		Pryd aethoch chi i siopa ddiwetha? ←

Llenwch y bylchau / *Fill in the blanks*:

I went _____   We went _____

You went _____   You went _____

He/She went _____   They went _____

B. **GWNEUD** – *to make / to do*

To put this verb in the past tense ie. I made, He made, We made it is very *hawdd* (easy). We follow exactly the same pattern as <u>MYND</u> es i, est ti – but we put a GWN in front of it

GWNES I → I made / I did

Gwn<u>es i</u>   i   Gwn _____ ni   **HAWDD**

Gwn<u>est</u>   ti   Gwn _____ chi

Gwn _____ e/hi   Gwn_____ nhw

C. **Beth wnaeth John ddoe?**

Codais i am wyth o'r gloch a <u>gwnes i'r gwely</u>. <u>Gwnes i frecwast</u> llawn <u>Gwnes i baned o goffi du</u>   . Bwytais i frecwast ac es i i'r gwaith yn y swyddfa, <u>gwnes i</u> waith ar y cyfrifiadur   . <u>Gwnes i</u> alwadau ffôn   . <u>Gwnaeth y bos</u> baned o de i mi i ginio a <u>gwnes i</u> frechdan gaws   . Mmm! Bwytais i ginio ac wedyn <u>gwnes i'r</u> llestri

Ysgrifennwch (*Write*) beth wnaeth John. Ysgrifennwch 4 peth.

i)   <u>Gwnaeth e'r gwely – He made the bed</u>

ii)   _____

iii)   _____

iv)   _____

v)   _____

CH. Y Cwestiwn a'r Negyddol (*Negative*)

Dych chi'n cofio? (Uned 11)

Gweithioch chi	➡	You worked
Weithioch chi?	➡	Did you work?
Weithioch chi ddim	➡	You didn't work

Beth sy wedi digwydd i'r 'g'?
What has happened to the 'g'?   Soft Mutation

Sut mae dweud?

Gwnaethoch chi	➡	You made
_____	➡	Did you make?
_____	➡	You didn't make

Turn the following into the *cwestiwn* and negative:

+	?	—
Gwnes i	_____	_____
Gwnest ti	_____	_____
Gwnaeth e/hi	_____	_____
Gwnaethon ni	_____	_____
Gwnaethoch chi	_____	_____
Gwnaethon nhw	_____	_____

Ateb: **Do ✓ Yes (past)**   **Naddo ✗ No (past)**

D. Dod / To Come

Cofiwch ! Gwn   in front of I went (*es i*). Well, to form the past tense of '**dod**' (*to come*) and **dod â** (*to bring*) all you do is put a ⬚ **D** in front.
e.e.

Des i ➡   I came

Can you finish the pattern:

D <u>es i</u> _____   D _____ <u>ni</u>

D <u>est ti</u> _____   D _____ <u>chi</u>

D _____ <u>e/hi</u>   D _____ <u>nhw</u>

Beth am y cwestiwn?

Cofiwch Soft Mutation: D →   **Dd**est ti i'r dosbarth yn y car?
                                     Ddaethoch chi i'r dosbarth ar y bws?

Des i i'r dosbarth	ar y trên ar y bws ar feic ar feic modur yn y car mewn tacsi	am dri o'r gloch am bump o'r gloch am ddeg o'r gloch am wyth o'r gloch am hanner awr wedi pedwar am hanner awr wedi saith	ddoe dydd Llun dydd Mawrth dydd Mercher dydd Iau dydd Gwener

Choose *un elfen* (one element) from each *colofn e.e.*:

Des i i'r dosbarth   ar feic   am wyth o'r gloch   ddoe

to create a sentence + jot it down below:

Des i i'r dosbarth   _____

_____

Nawr, guess what your partner has written by asking *"Ddaethoch chi i'r dosbarth yn y car?"* and so on until you get the answer *'Do'* to your *cwestiwn* in each one of the *tair colofn* (column)

118

Dd. Dod â / *To Bring*

Des i	-	I came		Daeth e	-	He came
Des i â	-	I brought		Daeth e â	-	He brought

All we do is put an 'â' after 'dod' (*to come*). The literal translation would be – to come (*dod*) with (â) ie:- to bring

e.e.   I came with wine
                              Des i â gwin
                    ie: I brought wine

after â, there is an aspirate mutation (*uned 11*)

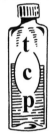   - th
                       - ch
                       - ph

Des i â thost

Des i â char

Des i â phensil

BUT

â + vowel
    a e i o u w y = ag

e.e.   Des i ag afal

        Des i ag oren

RE CAP

1. **Dych chi wedi dysgu**:

1)

+	?	—
Gwnes i	Wnes i?	Wnes i ddim
Gwnest ti	Wnest ti?	Wnest ti ddim
Gwnaeth e/hi	Wnaeth e/hi?	Wnaeth e/hi ddim
Gwnaethon ni	Wnaethon ni?	Wnaethon ni ddim
Gwnaethoch chi	Wnaethoch chi?	Wnaethoch chi ddim
Gwnaethon nhw	Wnaethon nhw?	Wnaethon nhw ddim

2)

+	?	—
Des i	Ddes i?	Ddes i ddim
Des ti	Ddest ti?	Ddest ti ddim
Daeth e/hi	Ddaeth e/hi?	Ddaeth e/hi ddim
Daethon ni	Ddaethon ni?	Ddaethon ni ddim
Daethoch chi	Ddaethoch chi?	Ddaethoch chi ddim
Daethon nhw	Ddaethon nhw?	Ddaethon nhw ddim

3) Des i â . . . . .   Ddes i â . . . . . ?   Ddes i ddim â . . . . .
    Dest ti â . . . . .   Ddest ti â . . . . . ?   Ddest ti ddim â . . . . .

2. **Geirfa**

galwadau ffôn	-	*phone calls*	gwneud	-	*to make / do*
brechdanau	-	*sandwiches*	dod	-	*to come*
cyfrifiadur	-	*computer*	dod â	-	*to bring*
beic modur	-	*motor bike*			

1. **Atebwch y cwestiynau:**

i) Sut daethoch chi i'r dosbarth heddiw?

_____

ii) Ble aethoch chi ar eich gwyliau diwethaf?

_____

iii) Beth wnaethoch chi ddoe?

_____

iv) Ddaethoch chi â phapur a phensil i'r dosbarth heddiw?

_____

v) Beth wnaethoch chi i swper neithiwr?

_____

2. **Llenwch y bylchau:**

_____ i ddim ag anrheg pen-blwydd (*birthday present*).

Wnaethoch _____ dost i frecwast?

Beth _____ e prynhawn ddoe?

_____ nhw ddim byd (*nothing*) dydd Llun

_____ ti i'r parti mewn tacsi?

_____ ni ddim i'r dosbarth Cymraeg diwetha.

Sut _____ e i'r gwaith?

3. Ysgrifennwch y cwestiwn neu'r ateb:

_____	-	Des i ar y bws
Pryd dest ti i'r dosbarth?	-	_____
Beth wnaethon nhw i ginio ddoe?	-	_____
_____	-	Gwnaeth e goffi am un ar ddeg
Ddest ti i'r dosbarth diwetha?	-	_____
_____	-	Do, daeth e â photelaid o win i'r parti
_____	-	Naddo, wnes i ddim tost y bore 'ma

4. *Nodwch bump* useful words / phrases from this *uned*.

un   _____

dau   _____

tri   _____

pedwar _____

pump   _____

A.

Ces i ddisgo gwych!

Gest ti lawer o anrhegion?
Did you have lots of presents?

Ces i gar gan dad

Ces i gyfrifiadur gan Siân

Ces i sanau gan Beti

Ces i recordiau gan Bedwyr

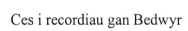

Ces i lyfr gan Lisa

Dw i'n lwcus iawn!

B. **Beth gawsoch chi ar eich pen-blwydd diwetha? /** *What did you have on your last birthday?*

_____

Beth gafodd Iwan ar ei ben-blwydd e?

Cafodd e ddisgo gwych!

Cafodd e _____ gan dad.

_____ gyfrifiadur gan Siân

_____ _____ gan Beti

_____ _____ gan Bedwyr

_____ _____ gan Lisa

Cafodd Iwan barti pen-blwydd yn y Clwb Rygbi yn Nhreorci ar nos Wener. Cafodd e a'i ffrindiau amser da iawn. Cawson nhw lawer o gwrw a gwin a fodca a wisgi ond chawson nhw ddim bwyd yn y parti. Aethon nhw i'r Raj Balti ar ôl y disgo. Cawson nhw gyrri a reis yno cyn mynd adref i'r gwely.

Atebwch y cwestiynau:

Ble cafodd Iwan barti? _____

Pryd cafodd Iwan barti? _____

Gawson nhw amser da? Do ✓ Naddo ✗ _____

Beth gawson nhw i yfed yn y parti? _____

Ble cawson nhw fwyd? _____

Beth gawson nhw i fwyta yn y Raj Balti? _____

124

YN Y PARTI

Cawson ni ddau beint o lager a chwe wisgi!

Cawson nhw ormod (*too much*) o alcohol

Cawson ni bedwar cyrri, pum popadum, a reis!

Cawson nhw ormod o fwyd!

Cawson ni hwyl! (*fun*)

Cawson nhw amser da!

Llenwch y bylchau:

_____	I had
_____Cest ti_____	You had
_____	He/She had
_____	We had
___Cawsoch chi___	You had
_____	They had

C. **To turn the above statements into *cwestiynau* all we do is change the C → G = ? (*soft mutation*)**

C ➔ G = ?

e.e. Gest ti barti Iwan?   Do ✓
      Gest ti gwrw Iwan?   Do ✓
      Gawsoch chi wisgi Mair a Megan?   Naddo X

Gofynnwch i bump aelod o'r dosbarth beth gawson nhw (what they had) *i frecwast, i ginio, i de ac i swper ddoe.*

If you had nothing, you can simply say
   dim byd - nothing

	Enw	i frecwast	i ginio	i de	i swper
1.					
2.					
3.					
4.					
5.					

Ysgrifennwch isod (write below) *beth gafodd un person*:

I frecwast   _____

I ginio   _____

I de   _____

I swper   _____

Ch. **To turn statements into negatives all we do is change the C → Ch** (*Aspirate Mutation*)

C → Ch = —

e.e. Chafodd Mair a Megan ddim wisgi
Chafodd Iwan ddim popadums
Ches i ddim parti y llynedd

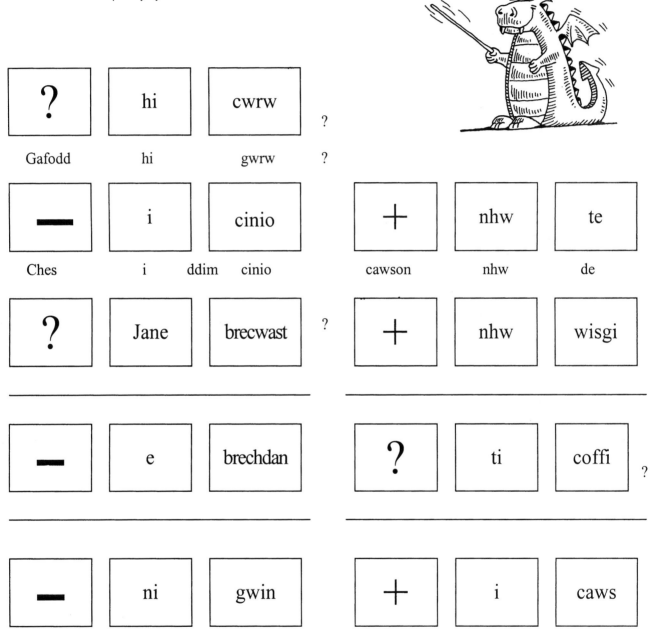

?	hi	cwrw	?
Gafodd	hi	gwrw	?

—	i	cinio
Ches	i ddim	cinio

+	nhw	te
cawson	nhw	de

?	Jane	brecwast	?

+	nhw	wisgi

—	e	brechdan

?	ti	coffi	?

—	ni	gwin

+	i	caws

D. Adolygu

Gofynnwch i berson gwahanol (a different person) where they went, how they went and what they did for each of the following periods of time.

PRYD?	ENW?	BLE?	SUT?	GWNEUD BETH?
Neithiwr				
Echddoe				
Dydd Mawrth				
Nos Wener				
Dydd Sadwrn				

RE CAP

1. **Dych chi wedi dysgu**:

+	?	▬
Ces i	Ges i?	Ches i ddim
Cest ti	Gest ti?	Chest ti ddim
Cafodd e/hi	Gafodd e/hi?	Chafodd e/hi ddim
Cawson ni	Gawson ni?	Chawson ni ddim
Cawsoch chi	Gawsoch chi?	Chawsoch chi ddim
Cawson nhw	Gawson nhw?	Chawson nhw ddim

2. **Geirfa**

mam-gu	-	*grandmother*	cyfrifiadur	-	*computer*
mam	-	*mother*	sanau	-	*socks*
tad ·	-	*father*	recordiau	-	*records*
anrheg	-	*present*			

129

1. *Yn anffodus* (unfortunately), this *cerdyn post* has been practically destroyed during transit. Fill in the gaps:

Annwyl Bawb,

Dw i'n cael amser da yma yn y Swistir. Roedd hi'n braf

echddoe felly (mynd) _____ ni mewn

ar y llyn. (dod) _____ ni'n ôl i'r gwesty yn

wlyb iawn! Ddoe (codi) _____ ni am saith

o'r gloch a (cael) _____ ni frecwast llawn.

(cael) _____ Jim ddim byd. (mynd)_____

ni i sgio. (yfed) _____ ni yn y bar neithiwr ac

(mynd) _____ i ddim i'r gwely tan 4 o'r gloch

y bore.

Hwyl am y tro,

Chris

Y Dosbarth Cymraeg
Dewi Sant_____
Llanbed_____
Cymru_____

cwch

2. Make the following into questions by using *Pryd, Ble, Sut, Pam, Gyda phwy, Faint o'r gloch,* or by mutating and making it a direct question.

Cawson ni ginio _____   Cest ti swper _____

Cawsoch chi hwyl _____   Cafodd e lifft _____

Cawson nhw ffrae (*row*) _____   Cawson ni gwrw _____

Cafodd hi amser da _____   Cest ti barti _____

3. **Trowch / *Turn:***

+ > positive statement into
- > negative statement into
? > *cwestiwn* into
+ > positive statement, etc

Cawson ni gar newydd   > (?) <u>Gawson ni gar newydd?</u> > (-) _____

Ches i ddim coffi   > (+) _____   > (?) _____

Gest ti win neithiwr?   > (-) _____   > (+) _____

Chafodd hi ddim cinio   > (+) _____   > (?) _____

Cawsoch chi anrheg hyfryd   > (?) _____   > (-) _____

Gawson nhw wyliau haf?   > (-) _____   > (+) _____

Chafodd e ddim brecwast   > (+) _____   > (?) _____

Cafodd e frechdan gaws   > (?) _____   > (-) _____

Gawsoch chi ffrae?   > (-) _____   > (+) _____

---

4. ***Nodwch bump* useful words/phrases from this *uned.***

un   _____

dau   _____

tri   _____

pedwar   _____

pump   _____

A.   **Adolygu**

Dw i'n briod â Siân

Dyn ni'n briod

Dw i ddim yn briod

Dych chi'n briod?   Ydw / Nac ydw
                          Ydyn / Nac ydyn

Wyt ti'n briod?   Ydw / Nac ydw

Mae John yn briod

Dydy Jan ddim yn briod

Gofynnwch i bump yn y dosbarth whether they are *priod*.

	Enw	Priod?
1		
2		
3		
4		
5		

Nawr, gweithiwch (*work*) gyda phartner newydd *and report your findings*.

C.

Sali ydy enw fy mam-gu i

Bob ydy enw fy nhad-cu i

Rhiannon ydy enw fy mam i

Dafydd ydy enw fy nhad i

Siân ydy enw fy ngwraig i

Llinos ydy enw fy chwaer i

Euros ydy enw fy mrawd-yng-nghyfraith i

Meinir ydy enw fy merch i

Rhun ydy enw fy mab i

Jên ydy enw fy modryb i

John ydy enw fy ewythr i

Delyth ydy enw fy nghyfnither i

Dylan ydy enw fy nghefnder i

Ifan ydy enw fy nai i

Marged ydy enw fy nith i

Atebwch:

Oes chwaer gyda chi? Beth ydy enw eich chwaer chi neu enwau eich chwiorydd chi?

_____

Oes mab gyda chi? Beth ydy enw eich mab chi neu enwau eich meibion chi?

_____

Oes merch gyda chi? Beth ydy enw eich merch chi neu enwau eich merched chi?

_____

Oes brawd gyda chi? Beth ydy enw eich brawd chi neu enwau eich brodyr chi?

_____

Find out the names of your classmates' family members:

ENW	brawd	chwaer	mab	merch

Ch.   Fy _____ i (M*y*)

Sut mae dweud?:

my grandfather _____

my cousin (*female*) _____

my brother in law _____

my wife _____

As you can see
it's a nasal   mutation

T → nh   Blinkin'   → m
C → ngh   Good   → ng
P → mh   Disinfectant → n

∴   fy   +   👃   mutation   +   i

Follow the *patrwm*:

tŷ   <u>fy nhŷ i</u>   car _____   pensil _____

teisen _____   ci _____   partner _____

teledu _____   cariad _____   pêl _____

brawd _____   gŵr _____   dosbarth _____

beic _____   gwraig _____   dŵr _____

Dych chi'n gweld y patrwm?

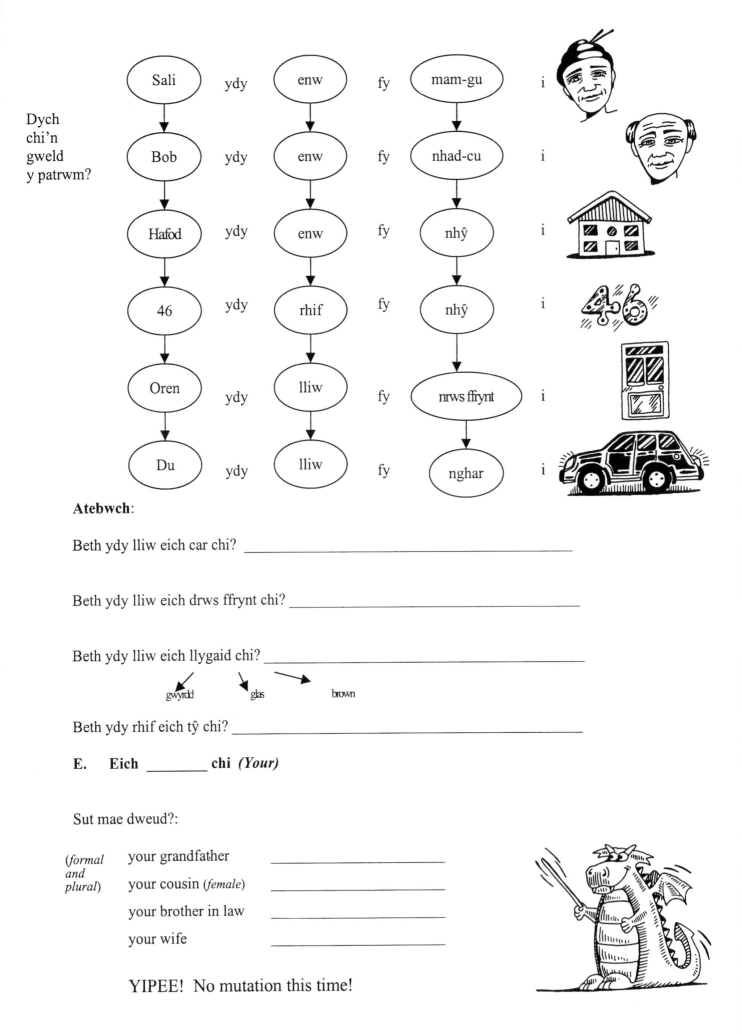

Sali	ydy	enw	fy	mam-gu	i	
Bob	ydy	enw	fy	nhad-cu	i	
Hafod	ydy	enw	fy	nhŷ	i	
46	ydy	rhif	fy	nhŷ	i	
Oren	ydy	lliw	fy	nrws ffrynt	i	
Du	ydy	lliw	fy	nghar	i	

Atebwch:

Beth ydy lliw eich car chi? _____

Beth ydy lliw eich drws ffrynt chi? _____

Beth ydy lliw eich llygaid chi? _____

gwyrdd   glas   brown

Beth ydy rhif eich tŷ chi? _____

E.   **Eich** _____ **chi** *(Your)*

Sut mae dweud?:

(formal and plural)

your grandfather   _____

your cousin *(female)*   _____

your brother in law   _____

your wife   _____

YIPEE! No mutation this time!

Dd. **Dy _____ di (*Your [friendly]*)**

Beth ydy eich enw chi?

Beth ydy eich cyfeiriad chi?

Beth ydy eich rhif ffôn chi?

OND

Beth ydy dy enw di? (*informal*)

Beth ydy dy gyfeiriad di?

Beth ydy dy rif ffôn di?

Mae treiglad meddal	**T > D**	**B**	**>**	**F**	**M**	**>**	**F**
	C > G	**G**	**>**	**/**	**Ll**	**>**	**L**
	P > B	**D**	**>**	**Dd**	**Rh**	**>**	**R**
ar ôl 'dy'							
	cyfeiriad - dy gyfeiriad di						

Change *y cwestiynau o'r ffurfiol* (formal) *i'r anffurfiol* (informal):

Beth ydy enw eich tad chi?   _____

Beth ydy eich cyfeiriad chi?   _____

Beth ydy enw eich bos chi?   _____

Beth ydy lliw eich drws ffrynt chi?   _____

Beth ydy enw eich gŵr chi?   _____

Beth ydy enw eich brawd chi?   _____

Beth ydy enw eich mam chi?   _____

Beth ydy enw eich llyfr chi?   _____

Beth ydy eich rhif ffôn chi?   _____

E.   Manylion Personol / *Personal Details*

Nawr, a chance to revise and talk about *manylion personol* (personal details). Use the *holiadur* (questionnaire). *Bydd eich tiwtor yn mynd dros y cwestiynau* (your tutor will go over the questions) before you begin.

ENW	Byw	Cyfeiriad	Dod o	Gwaith	Teulu	Rhif ffôn

RE CAP

1. **Dych chi wedi dysgu:**

1)

FY ____ I	DY ____ DI	EICH ____ CHI
t - nh	t - d	Dim Treiglad
c - ngh	c - g	
p - mh	p - b	
b - m	b - f	
g - ng	g - /	*No mutation*
d - n	d - dd	
	ll - l	
	m - f	
	rh - r	
nasal	soft	
MY	YOUR	YOUR

2) Pattern: Sali ydy enw fy mam i
46 ydy rhif fy nhŷ i

2. **Geirfa**

tad-cu	-	*grandfather*		brawd	-	*brother*
modryb	-	*aunt*		chwaer	-	*sister*
ewythr	-	*uncle*		mab	-	*son*
gwraig	-	*wife*		merch	-	*daughter*
gŵr	-	*husband*		nai	-	*nephew*
cyfeiriad	-	*address*		nith	-	*niece*

UNED UN DEG PUMP - HELPWCH EICH HUN – GARTRE

---

1. Atebwch y cwestiynau:

Beth ydy enw eich doctor chi? _____

Beth ydy enw eich banc chi? _____

Beth ydy mêc eich coffi chi? _____

Beth ydy lliw eich carped chi? _____

Beth ydy rhif eich tŷ chi? _____

Beth ydy lliw eich gwallt chi? _____

---

2. Cyfieithwch / Translate

my television	_____	your motor bike (ti)	_____
my sandwich	_____	your front door (ti)	_____
my boyfriend	_____	your aunt (ti)	_____
my party	_____	your son (ti)	_____
my birthday	_____	your book (ti)	_____
my house	_____	your house (ti)	_____
my teacher	_____	your camera (chi)	_____
my baby	_____	your football (chi)	_____
my college	_____	your rice pudding (chi)	_____
my class	_____	your beer (chi)	_____
my office	_____	your sister (chi)	_____
my horse	_____	your presents (chi)	_____

3. Write the appropriate *cwestiwn*:

_____

di? _____

_____

di? _____

_____

di? _____

_____

chi? _____

_____

chi? _____

_____

chi? _____

Coch ydy lliw
fy mrws dannedd i

Glas ydy lliw
fy nrws cefn i

Pinc ydy lliw fy
ngwallt i

Gwyrdd ydy lliw
fy nghar i

Siwan ydy enw
fy merch i

62 Stryd y Môr
ydy cyfeiriad
fy nhŷ i

141

4. Lliwiau / *Colours*

Beth ydy'r lliwiau?

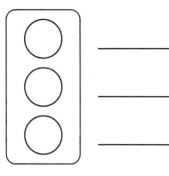

_____ _____

_____ _____

_____ _____

_____

_____

_____

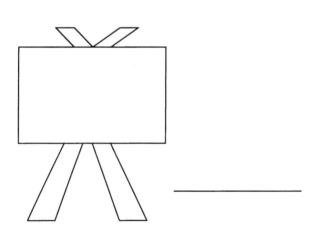

_____

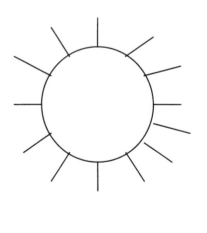

_____

5. *Nodwch bump* useful words / phrases from this *uned*

un _____

dau _____

tri _____

pedwar _____

pump _____

A.   **Desg Siân**

PETHAU I'W COFIO

*   Rhaid i mi ysgrifennu
    llythyr.

*   Rhaid i mi ffonio Mr Jones.

*   Rhaid i mi ffacsio memo.

*   Rhaid i mi ddarllen
    adroddiad.

*   Rhaid i mi archebu (*order*)
    papur.

THINGS TO REMEMBER :

PEIRIANT
FFACS

ADRODDIAD

1999

REPORT

Beth mae'n rhaid i Siân wneud / *What must Siân do?*

*	Rhaid i Siân ysgrifennu llythyr	-	Siân must write a letter
*	_____	-	Siân must phone Mr Jones
*	_____	-	_____
*	_____	-	_____
*	_____	-	_____

Jot down 4 *peth rhaid i chi wneud 'fory* (tomorrow).

Rhaid i mi _____   _____

_____   _____

Notice the soft mutation

> Rhaid i mi <u>f</u>ynd
> Rhaid i mi <u>f</u>wyta
> Rhaid i mi <u>g</u>oginio

Ask 3 *o bobl* what they must do?

Y cwestiwn: Beth mae'n rhaid i chi wneud?

ENW	Bore 'fory	Nos 'fory	Dros y Sul
1.			
2.			
3.			

Now tell *eich tiwtor chi* what one of your partners must do:

B.   **We must / Rhaid i ni**

Dyn ni eisiau dysgu Cymraeg, felly,

rhaid i ni fynd i ddosbarth Cymraeg

rhaid i ni ymarfer siarad Cymraeg

rhaid i ni fwynhau

rhaid i ni wylio S4C

rhaid i ni wrando ar Radio Cymru

rhaid i ni ddarllen

Rhaid	_____	-	I must
Rhaid	_____	-	Siân must
Rhaid	_____	-	We must
Rhaid	_____	-	You must

How do you think you say 'You must' using 'ti'? _____

C.

<u>RHEOLAU ARHOLIAD</u>

Rhaid i chi gyrraedd am 9am. ⟶ _____

Rhaid i chi ysgrifennu eich enw chi ar y papur. ⟶ _____

Rhaid i chi wybod y rhif arholiad. ⟶ _____

Rhaid i chi ddod â phapur a phensil. ⟶ _____

Rhaid i chi eistedd ar gadair yn dawel. ⟶ <u>You must sit quietly on a chair</u>

....

Rhaid i chi beidio â siarad. ⟶ <u>You must not speak</u>

Rhaid i chi beidio â dod â phapurau i'r stafell. ⟶ <u>You must not bring papers into the room</u>

Rhaid i chi beidio â bwyta. ⟶ _____

Rhaid i chi beidio ag yfed. ⟶ _____

Rhaid i mi – I must (There is a necessity for me . . . .)
is followed by a _treiglad meddal_
Rhaid i mi fynd
'Rhaid i mi' is NOT followed by 'yn'

CH. Rhaid iddi hi / _She must_

Mae Anwen yn gweithio at yr arholiadau

Rhaid iddi hi ddysgu'r tablau

6x6	9x13
7x6	10x13
8x6	11x13

Rhaid iddi hi ddysgu'r treigladau

t	-	ng	b	-	m
c	-	ngh	g	-	ng
p	-	mh	d	-	n

Rhaid iddi hi ddysgu am Shakespeare   _'To be or not to be'_

146

Which *rheolau* must she obey in the *arholiad*?

Rhaid iddi hi wybod y rhif arholiad

_____ gyrraedd am 9am

_____ ddod â phapur a phensil

_____

_____

D.   Rhaid iddo fe / *He must*

Cyn yr arholaid

Rhaid iddo fe ysgrifennu'r papur

Rhaid iddo fe ddysgu'r plant

Rhaid iddo fe helpu Anwen

Mr·Williams
y prifathro

Diwrnod yr arholiad

What must he do?

Rhaid iddo fe godi _____

_____ ymolchi

_____ fwyta brecwast

_____ yrru i'r ysgol

DD.   Rhaid iddyn nhw / *They must*

Rhaid i mi	I must
Rhaid i ti	You must
Rhaid iddo fe	He must
Rhaid iddi hi	She must
Rhaid i ni	You must
Rhaid i chi	You must
_____	(They must)

147

E.

If   Rhaid i (chi) beidio â helpu (*You must not help*)

Rhaid i (ti) beidio â helpu (*You must not*)

Sut mae dweud?:

We must not help   _____ ni _____

I must not help   _____

He must not help   _____

She must not help   _____

They must not help   _____

Beth mae'n rhaid iddyn nhw wneud?

_____ gerdded

_____ feddwl

_____ fwyta

F.   **Y Cwestiwn**

Oes rhaid i ti weithio dydd Sadwrn?   Oes ✓   Nac oes ✗

       ✓ (*yes*)

Oes rhaid i ti lanhau'r tŷ nawr?   Oes, rhaid i mi
lanhau'r tŷ nawr

       ✓

Oes rhaid i chi eistedd yna?   Oes, rhaid i ni eistedd yma

Oes rhaid i mi siopa?   _____

Oes rhaid iddi hi fynd i'r ysbyty?   _____

Oes rhaid iddo fe chwarae criced?   _____

148

FF. **Y Negyddol**

Oes rhaid i ti wneud rhywbeth? (*something*)

Nac oes, does dim rhaid i mi siopa . . . . does dim rhaid i mi lanhau'r tŷ . . . .

does dim rhaid i mi smwddio . . . . does dim rhaid i mi weithio . . . . does dim rhaid i

mi wneud dim byd . . . . dim ond ymlacio!

only

G. Rhaid i mi <u>means</u> → I must . . . .

and → I have to . . . . .

* Rhaid i mi beidio â ——→ I must not . . . . .

* Does dim rhaid i mi ——→ I don't have to . . . . . .

Rhaid i ti beidio â . . . .

Does dim rhaid i ti . . . .

Ask your partner if they have to do the following *dros y Sul*

treiglad

* *Cofiwch* the mutation ╱

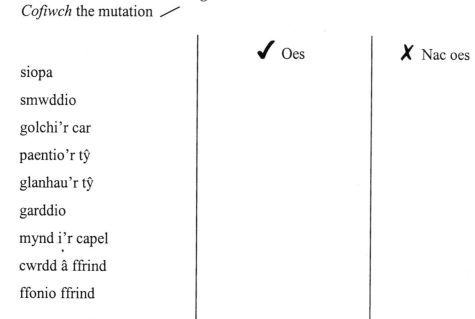

	✔ Oes	✗ Nac oes
siopa		
smwddio		
golchi'r car		
paentio'r tŷ		
glanhau'r tŷ		
garddio		
mynd i'r capel		
cwrdd â ffrind		
ffonio ffrind		

1. **Dych chi wedi dysgu**:

✚	?	━━	━━
I must / I have to	Must I / Do I have to?	I must not	I don't have to
Rhaid i mi	Oes rhaid i mi?	Rhaid i mi beidio â	Does dim rhaid i mi
Rhaid i ti	Oes rhaid i ti?	Rhaid i ti beidio â	Does dim rhaid i ti
Rhaid iddo fe	Oes rhaid iddo fe?	Rhaid iddo fe beidio â	Does dim rhaid iddo fe
Rhaid iddi hi	Oes rhaid iddi hi?	Rhaid i iddi hi beidio â	Does dim rhaid iddi hi
Rhaid i ni	Oes rhaid i ni?	Rhaid i ni beidio â	Does dim rhaid i ni
Rhaid i chi	Oes rhaid i chi?	Rhaid i chi beidio â	Does dim rhaid i chi
Rhaid iddyn nhw	Oes rhaid iddyn nhw?	Rhaid iddyn nhw beidio â	Does dim rhaid iddyn nhw

2. **Geirfa**

cwrdd â	-	*to meet*	capel	-	*chapel*
archebu	-	*to order*	dim byd	-	*nothing*
ffacsio	-	*to fax*	rhywbeth	-	*something*
prifathro	-	*headmaster*	cyfrifiadur	-	*computer*
adroddiad	-	*report*			
arholiadau	-	*exams*			

1. **Mae Llion wedi gadael '*post its*' yn y gegin i'w atgoffa fe (*remind him*) beth mae'n rhaid iddo fe wneud yr wythnos yma.**

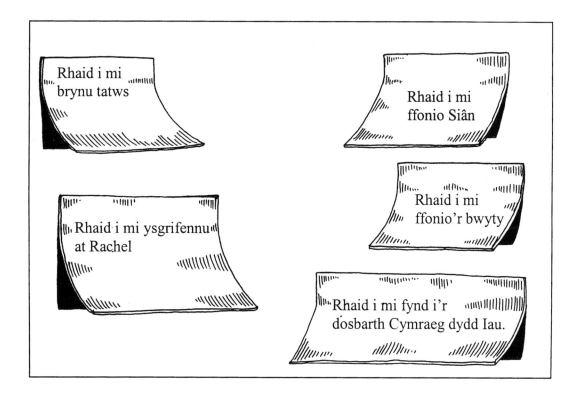

Beth mae'n rhaid iddo fe wneud?

1) _____

2) _____

3) _____

4) _____

5) _____

2. **Atebwch y cwestiynau:**

Beth mae'n rhaid i chi wneud ar ôl y dosbarth?

_____

Beth mae'n rhaid i chi wneud 'fory?

_____

Beth mae'n rhaid i chi wneud dydd Sul?

_____

Oes rhaid i chi weithio 'fory?

_____

Oes rhaid i chi siopa 'fory?

_____

Oes rhaid i chi siarad Cymraeg yn y dosbarth yr wythnos nesaf?

_____

3. **What do the following signs say?**

Rhaid i chi beidio â smocio

_____

_____

_____

_____

_____

4. *Nodwch bump* useful words/phrases from this *uned*.

un _____

dau _____

tri _____

pedwar _____

pump _____

A. **Dw i'n dost / *I'm ill* - (*I've got a headache*)**

Cofiwch: 'Mae (car) gyda fi' (*I've got a car*)

'Mae (pen tost) gyda fi' (*I've got a headache*). *The pattern is the same.*

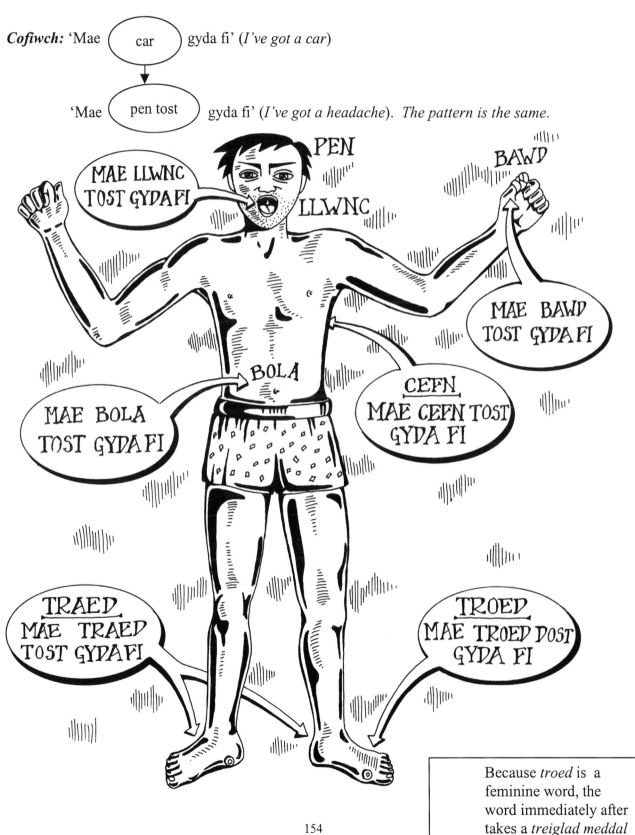

Because *troed* is a feminine word, the word immediately after takes a *treiglad meddal*

Exactly the same pattern is used with salwch as is used with possession (Uned 6)

Mae car gyda fe	-	Mae pen tost gyda fe
Mae tŷ gyda Jac	-	Mae llwnc tost gyda Jac

B.   AR

Mae annwyd arna i

Mae peswch arna i

Mae gwres arna i

Mae'r ddannodd arna i

C.   Beth sy'n bod / *What's the matter?*

Dych chi'n dost. Ysgrifennwch dan bob llun (*under every picture*) beth sy'n bod. Hefyd, ysgrifennwch y cwestiwn ar y top bob tro (*every time*).

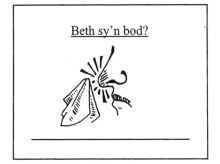

Beth sy'n bod?

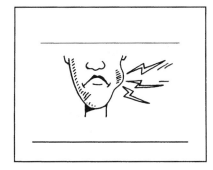

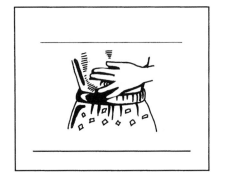

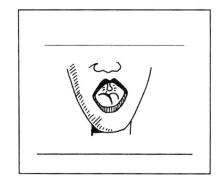

Ch.

Mae annwyd ar John	Mae annwyd ar Siân
Mae annwyd arno fe	Mae annwyd arni hi
Mae peswch arno fe	Mae peswch arni hi
Mae ffliw arno fe	Mae ffliw arni hi

Cofiwch: rhaid <u>iddo fe</u>   rhaid <u>iddi hi</u>

                 We have here the same endings   -   ar<u>no</u> fe, ar<u>ni</u> hi

---

Unwaith eto (*once again*), gyda'ch partner, ysgrifennwch beth sy'n bod ar y bobl (*what's wrong with the people*) yn y lluniau (*pictures*). *Give* y ddau ateb e.e. Mae peswch ar John. Mae peswch arno fe.

Beth sy'n bod ar Huw?

1. _____

2. _____

Beth sy'n bod ar Lowri?

1. _____

2. _____

Beth sy'n bod ar John?

1. _____

2. _____

Beth sy'n bod ar Siân?

1. _____

2. _____

Beth sy'n bod ar Harri?

1. _____

2. _____

Beth sy'n bod ar Meinir?

1. _____

2. _____

156

D. Teimladau eraill / *Other feelings*

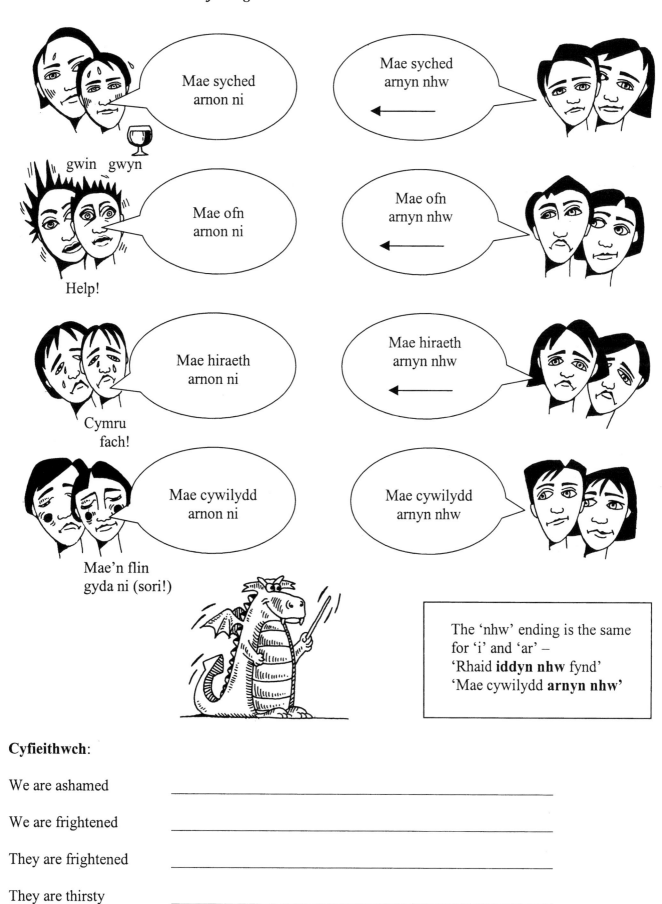

Mae syched arnon ni

gwin gwyn

Mae syched arnyn nhw

Mae ofn arnon ni

Help!

Mae ofn arnyn nhw

Mae hiraeth arnon ni

Cymru fach!

Mae hiraeth arnyn nhw

Mae cywilydd arnon ni

Mae'n flin gyda ni (sori!)

Mae cywilydd arnyn nhw

The 'nhw' ending is the same for 'i' and 'ar' –
'Rhaid **iddyn nhw** fynd'
'Mae cywilydd **arnyn nhw**'

Cyfieithwch:

We are ashamed   _____

We are frightened   _____

They are frightened   _____

They are thirsty   _____

She is thirsty _____

She is homesick _____

He is homesick _____

He has a temperature _____

I have a temperature _____

We have a temperature _____

1. Dych chi wedi dysgu:

1) Rhannau'r corff (*Parts of the body*)

2) Illnesses which name a part of the body - *gyda* eg: Mae pen tost gyda fi.

3) Illnesses which don't name a part of the body - *ar* eg: Mae annwyd ar Siân

4) Beth sy'n bod?

5)

arna i	arnon ni
arnat ti	arnoch chi
arno fe	arnyn nhw
arni hi	

6) Other feelings which are expressed by - *ar* eg: hiraeth, syched, ofn, cywilydd

2. Geirfa

annwyd	-	*cold*	ofn	-	*fear*
bawd	-	*thumb*	pen	-	*head*
bola	-	*stomach*	peswch	-	*cough*
cefn	-	*back*	syched	-	*thirst*
gwres	-	*temperature, heat*	troed	-	*foot*
hiraeth	-	*homesickness*	traed	-	*feet*
llwnc	-	*throat*	y ddannodd	-	*toothache*

1.   **Without looking back, label the parts of the body.**

2. **Beth sy'n bod ar bawb?** / *What's wrong with everyone?*. **Ysgrifennwch ddau ateb:**

Beth sy'n bod ar Huw?

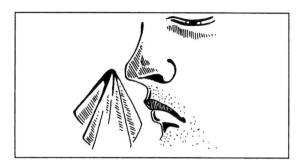

1. _____

2. _____

Beth sy'n bod ar Siân?

1. _____

2. _____

Beth sy'n bod ar Alun?

1. _____

2. _____

Beth sy'n bod ar Mari?

1. _____

2. _____

Beth sy'n bod ar Harri?

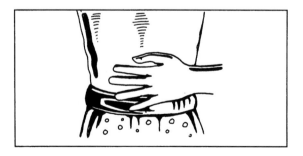

1. _____

2. _____

Beth sy'n bod ar Catrin?

1. _____

2. _____

3. **Llenwch y bylchau / *Fill in the gaps:***

Beth sy'n _____ ?

Mae annwyd _____ nhw

Mae _____ tost gyda fe

Mae _____ dost gyda hi

Mae cywilydd arnon _____

Beth _____ bod?

Mae bola _____ gyda nhw

Mae gwres _____ i

Mae llwnc tost _____ chi

---

4. **Darllenwch y darn ac atebwch y cwestiynau:**

Mae Monsieur Gué yn byw gyda Madame Gué, a'r ddau fab, Pascal (wyth oed) a Stéphane (deg oed). Ffrangeg ydy iaith y teulu. Maen nhw'n byw mewn fflat.

Postmon ydy Monsieur Gué ac mae e'n gweithio yn Swyddfa Bost Colombiers. Mae hi'n swyddfa bost fawr iawn ac mae 300 o bostmyn yn gweithio yno. Mae Monsieur Gué yn seiclo i'r gwaith bob dydd ac mae e'n cymryd ugain munud. Rhaid iddo fe fod yn y gwaith am hanner awr wedi chwech yn y bore.

1. Ble mae Monsieur Gué yn byw? _____

2. Ydy e'n byw mewn tŷ? _____

3. Ble mae Monsieur Gué yn gweithio? _____

4. Sut mae e'n mynd i'r gwaith? _____

5. Faint o'r gloch mae e'n dechrau gweithio? _____

5. *Nodwch **bump** useful words / phrases from this **uned**.*

un _____

dau _____

tri _____

pedwar _____

pump _____

A. Ro'n i'n dost

Heddiw

Dw i'n dost

Dw i'n iawn

Dw i'n oer

Dw i'n brysur

Dw i wedi blino

Ddoe

Ro'n i'n dost

Ro'n i'n iawn

Ro'n i'n oer

Ro'n i'n brysur

Ro'n i wedi blino

B. Deialog

A: Ble <u>ro'ch chi</u> ddoe? Ffoniais i sawl gwaith.

B: <u>Ro'n i</u> yn y tŷ trwy'r dydd ond <u>ro'n i'n</u> brysur iawn. Tynnais i'r ffôn allan.

A: Beth <u>o'ch chi'n</u> wneud 'te?

B: <u>Ro'n i'n</u> gweithio ar adroddiad.

Notice the difference:		
Ro'n i'n ffonio	-	*I was phoning*
Ffoniais i	-	*I phoned*
Ro'n i'n gweithio	-	*I was working*
Gweithiais i	-	*I worked*

Gofynnwch i'ch partner where they were and what they were doing at various times of the day *ddoe*.

Llenwch y grid:

	Ble?	Beth?
6.00 am		
8.00 am		
11.00 am		
1.00 pm		
5.00 pm		
8.00 pm		
11.30 pm		

Dyma'r grid one member (Siân) completed. Fill in the exercise *yn* B.

	Ble?	Beth?
6.00 am	yn y gwely	cysgu
8.00 am	yn y gegin	bwyta brecwast
11.00 am	yn y swyddfa	darllen adroddiad
1.00 pm	yn y ganolfan hamdden	chwarae sboncen
5.00 pm	yn y swyddfa	ysgrifennu llythyr
8.00 pm	yn y dafarn	chwarae dartiau
11.30 pm	yn y tŷ	gwylio fideo

Cwblhewch (*Complete):*

	Ble roedd Siân ddoe?	**Beth oedd hi'n wneud?**
6.00 am	Roedd hi yn y gwely	Roedd hi'n cysgu
8.00am	_____	_____
11.00 am	_____	_____
1.00 pm	_____	_____
5.00 pm	_____	_____
8.00 pm	_____	_____
11.30 pm	_____	_____

Beth am eich partner chi? Edrychwch ar eich grid.

6.00 am	_____	_____
11.00 am	_____	_____
5.00 pm	_____	_____
11.30 pm	_____	_____

C.   Y Tywydd Eto!

Cofiwch: Mae hi'n braf

Dysgwch nawr: Roedd hi'n braf

Roedd hi'n gymylog

Roedd hi'n heulog

Roedd hi'n rhewi

Roedd hi'n wlyb

Chwaraewch y gêm fwrdd gyda'ch partner. *In each square,* mae dau *picture.* Ar y dde (*right*) - y tywydd heddiw. Ar y chwith (*left*) - y tywydd ddoe. *Therefore if you land on* sgwâr 1, rhaid i chi ddweud - "Mae hi'n braf heddiw ond roedd hi'n wyntog ddoe". Sgwâr 6 - Mae hi'n braf heddiw ac roedd hi'n braf ddoe". *Try and use as many of the new phrases as possible.*

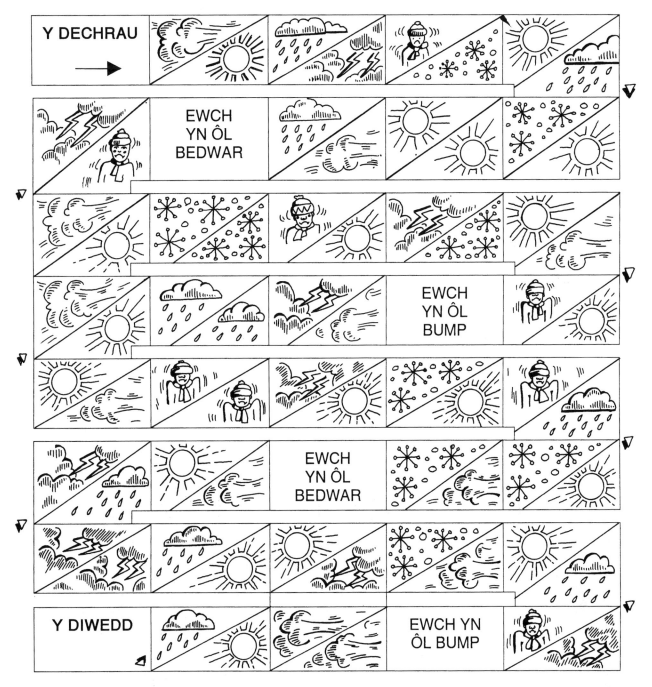

165

Ch.   Esgusodion / *Excuses*

Cofiwch: **Dysgwch**:

Mae problem gyda fi   Roedd problem gyda fi

Mae pen tost gyda ti   Roedd pen tost gyda ti

Mae annwyd arna i   Roedd annwyd arna i

Rhaid i mi weithio   Roedd rhaid i mi weithio

Ble roedd pawb?

Doedd neb (*no-one was*) yn y dosbarth yr wythnos diwethaf. *Find out* ble roedd pawb. Bydd eich tiwtor yn rhoi esgus chi (*your tiwtor will give you an excuse*). *Make a note of them below:*

Enw   Esgus

1. _____

2. _____

3. _____

4. _____

5. _____

6. _____

7. _____

8. _____

9. _____

10. _____

D. **Ro'n ni / Ro'n nhw** (*We were / used to . . . / They were / used to . . . .*)

Dyn ni'n byw yng Nghaerdydd nawr

Ro'n ni'n byw yn Nhreorci

Maen nhw'n byw yng Nghaerdydd nawr

Ro'n nhw'n byw yn Nhreorci.

Cwblhewch (*Complete*):

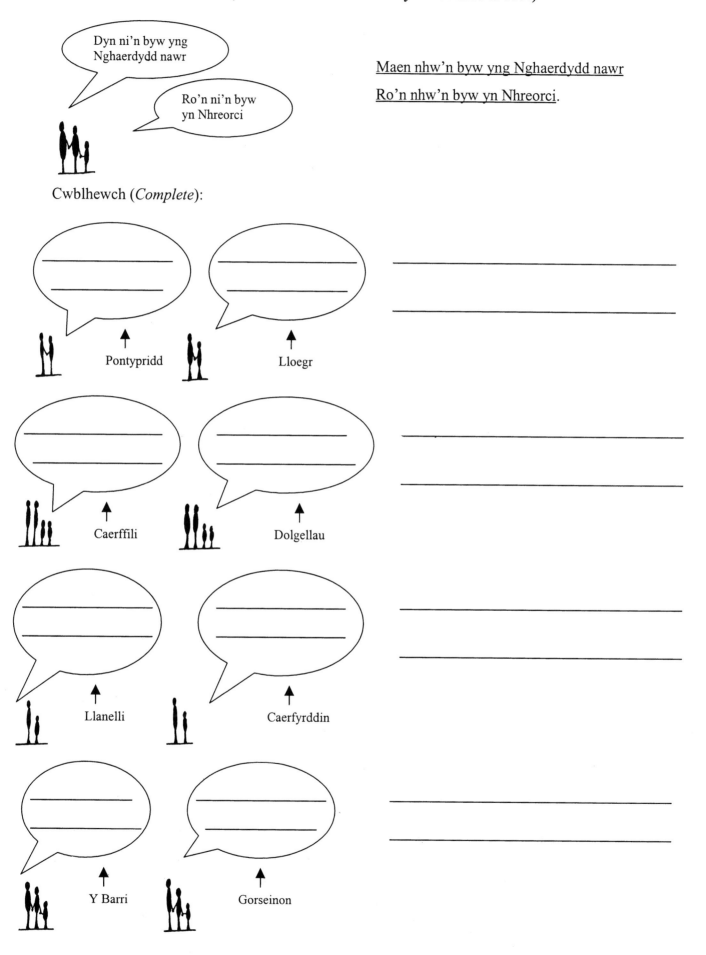

Pontypridd

Lloegr

Caerffili

Dolgellau

Llanelli

Caerfyrddin

Y Barri

Gorseinon

Dd. **Gofyn Cwestiwn - O'ch chi?** (*Were you?*)

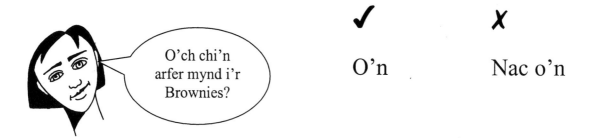

✓   ✗

O'n   Nac o'n

Gofynnwch i'ch partner:

	Eich partner	_____
mynd i'r Brownies		
mynd i'r Cubs		
mynd i'r Ysgol Sul		
cael cinio yn yr ysgol		
cerdded i'r ysgol		
darllen comic		
gwylio 'Jackanory'		
chwarae hoci		
hoffi gwaith cartre		

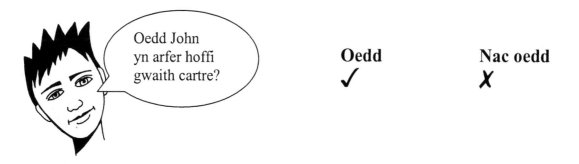

Oedd   **Nac oedd**
✓   ✗

Yn ôl i'r grid. Gofynnwch gwestiynau am bartner gwreiddiol eich partner newydd
e.e. **'Oedd Ann yn arfer chwarae hoci?'**

To ask the question, we simply drop the 'r'

				Ateb		
Ro't ti	>	O't ti?	✓	(O'n)	✗	(Nac o'n)
Roedd hi	>	Oedd hi?	✓	(Oedd)	✗	(Nac oedd)
Ro'n nhw	>	O'n nhw?	✓	(O'n)	✗	(Nac o'n)

E. Negyddol - Do'n i ddim (*I wasn't / I didn't / I didn't used to…*)

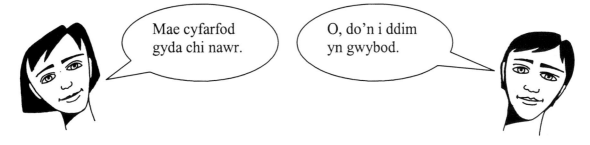

Do'n i ddim yn gwybod — I didn't know
(I wasn't)   (knowing)

Cwblhewch / *Complete*:

169

Mae arholiad gyda chi yr wythnos nesa

Doedd Bob ddim yn y parti neithiwr

Mae Sian a Nia i fod (*supposed to be*) yn y swyddfa

To make 'Ro'n i' into a negative, you simply replace the 'R' with a 'D' and put a 'ddim' at the end -

'Ro'n i' → 'D'on i ddim'

1. **Dych chi wedi dysgu:**

+	?	—
I was	Was I?	I wasn't
Ro'n i	O'n i?	Do'n i ddim
Ro't ti	O't ti?	Do't ti ddim
Roedd e/hi	Oedd e/hi?	Doedd e/hi ddim
Ro'n ni	O'n ni?	Do'n ni ddim
Ro'ch chi	O'ch chi?	Do'ch chi ddim
Ro'n nhw	O'n nhw?	Do'n nhw ddim

The above forms are spoken forms. You will also see the following written. You needn't learn them, but you may need to recognise them.

Roeddwn i	Roedden ni
Roeddet ti	Roeddech chi
Roedd e/hi	Roedden nhw

2. **Geirfa**

ond	-	*but*	cymylog	-	*cloudy*
sawl gwaith	-	*several times*	gwlyb	-	*wet*
trwy'r dydd	-	*all day*	heulog	-	*sunny*
cegin	-	*kitchen*	prysur	-	*busy*
esgus	-	*excuse*	gwylio	-	*to watch*
sboncen	-	*squash (sport)*	rhewi	-	*to freeze*

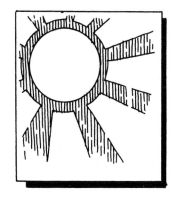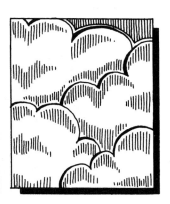

171

1. Ysgrifennu Adroddiad

Unfortunately, you have lost *eich adroddiad ar yr esgusodion* given to you by the *dosbarth*. *Ysgrifennwch* (write) more excuses.

Enw   **Esgus**

1. _____   _____

2. _____   _____

3. _____   _____

4. _____   _____

5. _____   _____

6. _____   _____

2. Cywiro (*correct*) Adroddiad

Mae eich ffrind wedi ysgrifennu am (*has written about*) ddosbarth arall (*another class*). *Unfortunately, he is a little careless.* Llenwch y bylchau (*fill in the gaps for him*).

Enw   **Esgus**

John Jones   Roedd rhaid _____ fe weithio

Ceri Smith   Roedd y ddannodd _____ hi

Mair Richards   _____ hi'n brysur yn y tŷ

Alun Roberts   Roedd annwyd arno _____

Huw Williams   _____ problem gyda fe gartref

Meinir Thomas   Roedd peswch _____ hi

Ann Lewis   _____ hi'n dost

Philip Morgan   _____ rhaid iddo fe _____ i gyfarfod

3. **Ysgrifennwch ble roedd rhaid i bob person fynd. Rhowch y ddau ateb -** *Give two answers each time* **e.e. Roedd rhaid i Siân fynd i . . . . a Roedd rhaid <u>iddi hi</u> fynd i . . . .**

Ble roedd rhaid i John fynd?

_____

_____

Ble roedd rhaid i Siân fynd?

_____

_____

Ble roedd rhaid i Huw fynd?

_____

_____

Ble roedd rhaid i Mari fynd?

_____

_____

Ble roedd rhaid i Alun fynd?

_____

_____

Ble roedd rhaid i Glenys fynd?

_____

_____

4. **Atebwch y Cwestiynau:**

1. Beth mae'n rhaid i chi wneud 'fory?   _____

2. Beth oedd rhaid i chi wneud ddoe?   _____

3. Beth oedd rhaid i chi wneud y bore 'ma?   _____

4. Dych chi'n dost heddiw?   _____

5. Aethoch chi i'r gwaith ddoe?   _____

6. Ble ro'ch chi am naw o'r gloch neithiwr?   _____

7. Beth o'ch chi'n wneud?   _____

8. Sut mae'r tywydd heddiw?   _____

9. Sut roedd y tywydd ddoe?   _____

10. O'ch chi'n hoffi'r ysgol?   _____

---

5. *Nodwch bump* useful words / phrases from this *uned*.

un   _____

dau   _____

tri   _____

pedwar   _____

pump   _____

UNED UN DEG NAW

GOFYN AM GYFARWYDDIADAU / *ASKING FOR DIRECTIONS*

A. Gorchmynion / *Commands*

I roi gorchymyn (*to give a command*) yn Gymraeg, *we use the ending* - wch.

Cerdded	**Cerddwch!**	Mynd	**Ewch!**
Stopio	**Stopiwch!**	Dod yma	**Dewch yma!**
Talu'r bill (to pay the bill)	**Talwch y bil!**	Gwneud y te	**Gwnewch y te!**
Dihuno (to wake up)	**Dihunwch!**	Peidio	**Peidiwch!**
Agor	**Agorwch!**	Bod yn dda	**Byddwch yn dda!**
Cau	**Caewch!**	Troi (to turn)	**Trowch!**

Gyda'ch partner, *suggest which command would be appropriate under the following* lluniau (*pictures*):

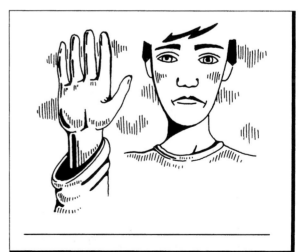

B. **Gofyn am Gyfarwyddiadau Cyffredinol /** *Asking for General Directions*

Gyda'ch tiwtor a gyda'ch partner, darllenwch y deialogau hyn. Wedyn newidwch nhw ychydig trwy newid y geiriau sydd wedi'u tanlinellu - *alter them slightly by changing the underlined words and replacing them by the words directly underneath* y ddeialog. *There are lots of new words* - bydd eich tiwtor yn helpu (*your tiwtor will help*).

A: Esgusodwch fi, dw i eisiau mynd i'r <u>ysgol gynradd.</u>

A: Ble mae'r <u>ysbyty</u> os gwelwch yn dda?

B: Hanner munud. O ie, ewch yn syth ymlaen ac wedyn trowch <u>i'r dde</u>. Mae'r ysgol gynradd rhwng y parc a'r capel.

B: Ewch o dan y bont, trwy'r goleuadau, ar hyd Heol y Bont ac mae'r ysbyty gyferbyn â chi.

A: Diolch yn fawr.

CANOLFAN HAMDDEN
I'R CHWITH

GAREJ, SIOP FARA
SWYDDFA BOST, CAFFI

A: Esgusodwch fi, ble mae'r maes parcio?

A: Dw i ddim yn gwybod ble mae<u>'r parc</u>. Dych chi'n gallu helpu?

B: Ewch i lawr y ffordd <u>am filltir</u> ac wedyn trowch i'r dde ar ôl y garej.

B: Ydw. Cerddwch ar hyd y stryd ac wedyn trowch i'r dde gyferbyn â'r <u>sinema</u>.

AM DDWY FFILLTIR

YSBYTY, YSGOL GYNRADD

176

C.   Arddywediad

A dictation exercise! Your tiwtor *will read out* chwech *of the phrases from the above dialogues. She/he will read whole sentences at natural speed but will let you hear them as many times as you like.* Ysgrifennwch nhw. *It's not as easy as it sounds!*

1. _____

2. _____

3. _____

4. _____

5. _____

6. _____

Ch: Y ffordd o gwmpas Llanaber / *The way around Llanaber*

Dych chi wedi cael map o dre Llanaber. Yn anffodus, dydy'r map ddim yn gyflawn - *the map is incomplete.* Dych chi'n ffonio ffrind - eich partner - *but find that his/her map is also incomplete although his/her gaps are different to yours.*

Un partner i edrych ar Gopi A. Un partner i edrych ar Gopi B

Gofynnwch i'ch partner *the way to one of the locations mentioned* o dan eich map (*under your map*). *Start each time at*  *Your* partner *will give you* cyfarwyddiadau (*directions*). *When you arrive, jot down the location in the boxes provided and let your* partner *ask a question.*

COPI A

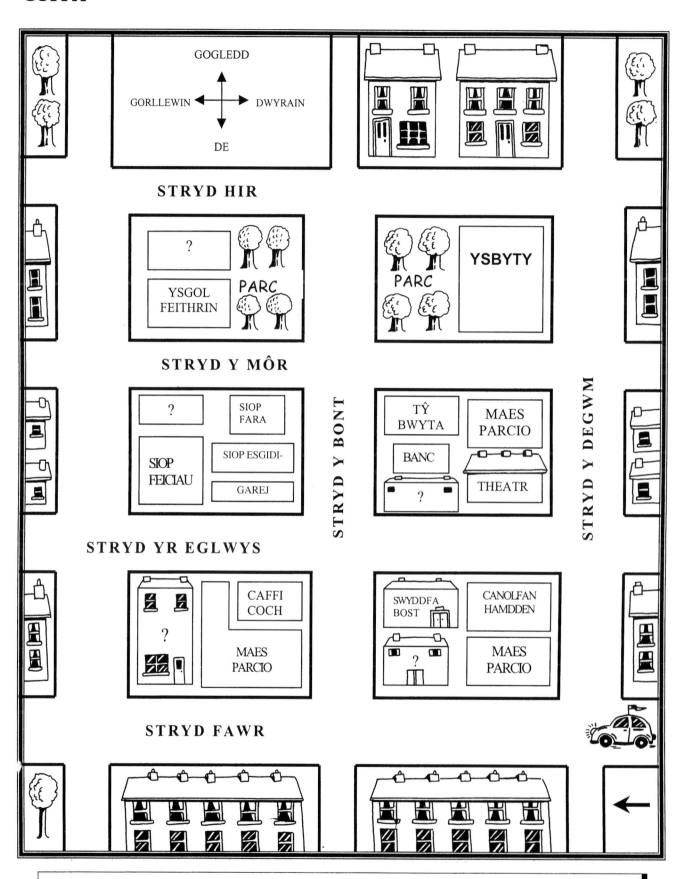

Dych chi eisiau:

Y siop chwaraeon; Y siop lysiau; Y clwb rygbi; Y siop ddillad; Y siop ddillad dynion.

COPI B

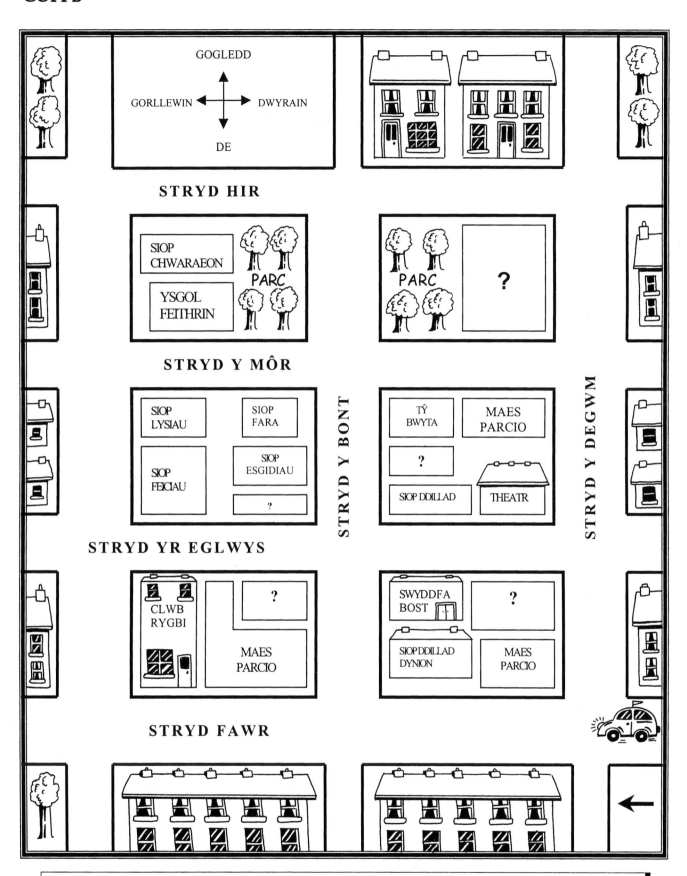

GOGLEDD

GORLLEWIN ← → **DWYRAIN**

DE

STRYD HIR

SIOP CHWARAEON

YSGOL FEITHRIN

PARC

PARC

?

STRYD Y MÔR

SIOP LYSIAU

SIOP FARA

SIOP FEICIAU

SIOP ESGIDIAU

?

TŶ BWYTA

MAES PARCIO

?

SIOP DDILLAD

THEATR

STRYD YR EGLWYS

STRYD Y BONT

STRYD Y DEGWM

CLWB RYGBI

?

MAES PARCIO

SWYDDFA BOST

?

SIOP DDILLAD DYNION

MAES PARCIO

STRYD FAWR

←

Dych chi eisiau:

Yr ysbyty; Y garej; Y banc; Caffi Coch; Y ganolfan hamdden.

D. Gorchmynion eto

So far in Uned 19, *all the* gorchmynion *have ended in* -wch. *If you want you use the* 'ti' *form we add the ending - a, apart from some common exceptions which are listed below.*

Gyda'ch tiwtor, a gyda'ch partner, ymarferwch:

Cerdded	**Cerdda!**	Mynd	**Cer!**
Stopio	**Stopia!**	Dod yma	**Dere 'ma!**
Talu'r bil	**Tala'r bil!**	Gwneud y te	**Gwna'r te!**
Ysgrifennu	**Ysgrifenna!**	Peidio	**Paid!**
Dihuno	**Dihuna!**	Bod yn dawel	**Bydd yn dawel!**
Helpu	**Helpa!**	Troi	**Tro!**
Cofio	**Cofia!**	Agor	**Agor!**
Ffonio	**Ffonia!**	Cau	**Cau!**

Gyda'ch partner, *as you did with the* 'chi' *forms now suggest the commands in the* 'ti' *form.*

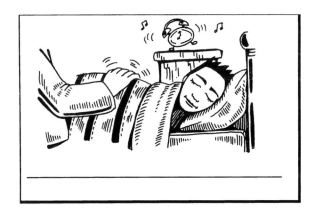

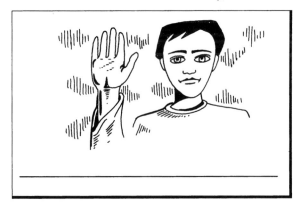

RE CAP

1. Dych chi wedi dysgu:

1) Formal commands: we add **-wch** e.e. Cerddwch
   Irregulars: Ewch, Dewch, Gwnewch, Peidiwch, Byddwch, Trowch

2) Informal commands: we add **- a** e.e. Cerdda
   Irregulars: Cer, Dere, Gwna, Paid, Bydd, Tro, Agor, Cau

2. Geirfa

ar hyd	-	*along*	ffordd	-	*road*
ar ôl	-	*after*	goleuadau	-	*lights*
dan	-	*under*	milltir	-	*mile*
pont	-	*bridge*	ysgol gynradd	-	*primary school*
gyferbyn (â)	-	*opposite*	dihuno	-	*to wake up*
rhwng	-	*between*	gallu	-	*to be able to*
chwith	-	*left*	talu	-	*to pay*
de	-	*right*	troi	-	*to turn*
syth	-	*straight*			

181

1.   Llenwch y bylchau yn y deialogau - HEB EDRYCH YN ÔL (*without looking back*)

A: Ble _____'r ystyty
os gwelwch yn dda?

A: Esgusodwch fi, dw i eisiau
mynd i'r ysgol _____

B: Ewch dan y bont, _____
goleuadau, ar _____
Heol y Bont ac mae'r ysbyty
_____ â chi.

B: Hanner munud. O ie, ewch
yn _____ ymlaen ac
wedyn _____ i'r dde.
Mae'r ysgol _____ rhwng
y parc _____ eglwys.

A: Diolch yn fawr.

A: Esgusodwch fi.
_____ mae'r maes
parcio?

A: Dw i ddim yn _____ ble
mae'r parc. _____ chi'n
gallu helpu?

B: _____ i lawr y ffordd
am _____ ac wedyn
_____ i'r dde ar
_____ y garej.

B: Ydw. _____ ar hyd y
stryd ac wedyn trowch i'r
_____ gyferbyn ____ sinema

2.   Ble dych chi'n byw?

You have invited a local *tiwtor i'r tŷ* to give you some extra practice. *Ysgrifennwch nodyn byr* (a short note) explaining *ble dych chi'n byw, a sut i gyrraedd y tŷ.*

_____

_____

_____

_____

_____

_____

3. **Newidiwch (change) 'chi' i 'ti':**

Peidiwch! _____

Cerddwch! _____

Dihunwch! _____

Helpwch fi! _____

Ewch! _____

Dewch yma! _____

Darllenwch! _____

Ewch i'r gwely! _____

Bwytwch! _____

Gwisgwch! _____

4. **Newidiwch 'ti' i 'chi':**

Tala! _____

Bydd yn dawel! _____

Siarada! _____

Gwna'r gwaith cartref! _____

Dere gyda fi! _____

Cer nawr! _____

Ysgrifenna! _____

Golcha'r llestri! _____

Cysga! _____

5. **Dych chi'n cofio'r Gymraeg am:**

Opposite you _____

Turn to the right _____

Go left _____

Go straight ahead _____

Walk for half a mile _____

---

6. *Nodwch bump* useful words / phrases from this *uned*.

un _____

dau _____

tri _____

pedwar _____

pump _____

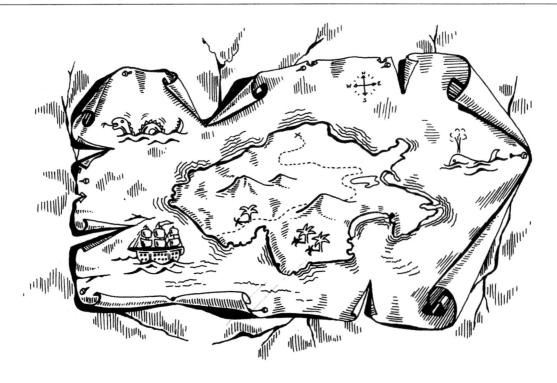

A: **Bydda i** *(I will be)*

Ddoe	**Heddiw**	**'Fory**
Ro'n i'n brysur	Dw i'n byrsur iawn	Bydda i'n brysur eto

Cwblhewch / *Complete*:

Ro'n i'n dost _____   _____   _____

_____   Dw i'n ddiflas iawn _____   _____

Ro'n i'n hapus ☺   _____   _____

_____   Dw i'n oer iawn _____   _____

B. **Ble byddwch chi? / Ble byddi di?** *(Where will you be?)*

185

Ewch o gwmpas (*around*) y dosbarth yn gofyn i bawb ble byddan nhw (*asking everyone where they'll be*) *at the times mentioned.*

Enw	bore 'fory	p'nawn 'fory	nos 'fory	nos	dydd Sul

C.   Bydd hi/e (*He/she will be*)

Gobeithio bydd hi'n braf

Gobeithio bydd John yn y dafarn

Gobeithio bydd Siân yn y swyddfa

Gyda'ch tiwtor, darllenwch y nodiadau (*notes*) *below.* Bydd eich tiwtor yn helpu.

Annwyl Jac,

Mae'n flin gyda fi ond bydda i'n hwyr heno. Rhaid i mi fynd i gyfarfod.

Cariad,

Ann

x

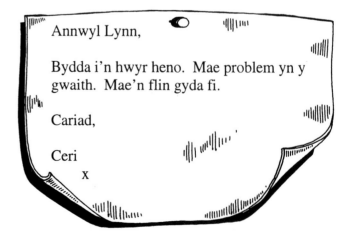

Annwyl Lynn,

Bydda i'n hwyr heno. Mae problem yn y gwaith. Mae'n flin gyda fi.

Cariad,

Ceri

x

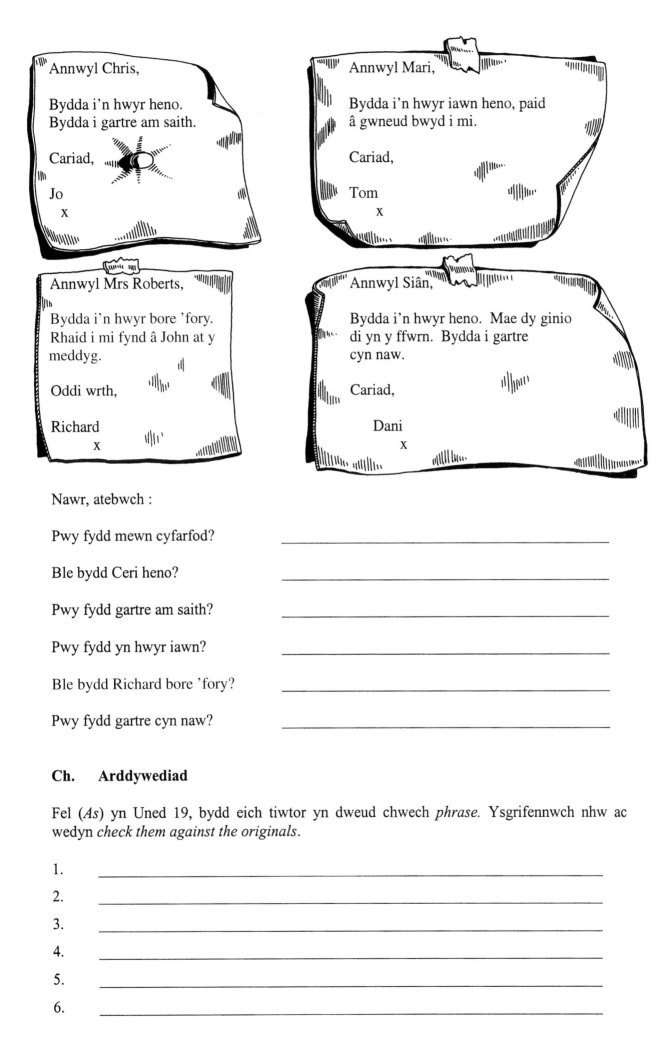

Annwyl Chris,

Bydda i'n hwyr heno.
Bydda i gartre am saith.

Cariad,

Jo
x

Annwyl Mari,

Bydda i'n hwyr iawn heno, paid
â gwneud bwyd i mi.

Cariad,

Tom
x

Annwyl Mrs Roberts,

Bydda i'n hwyr bore 'fory.
Rhaid i mi fynd â John at y
meddyg.

Oddi wrth,

Richard
x

Annwyl Siân,

Bydda i'n hwyr heno. Mae dy ginio
di yn y ffwrn. Bydda i gartre
cyn naw.

Cariad,

Dani
x

Nawr, atebwch :

Pwy fydd mewn cyfarfod?

Ble bydd Ceri heno?

Pwy fydd gartre am saith?

Pwy fydd yn hwyr iawn?

Ble bydd Richard bore 'fory?

Pwy fydd gartre cyn naw?

Ch. Arddywediad

Fel (*As*) yn Uned 19, bydd eich tiwtor yn dweud chwech *phrase*. Ysgrifennwch nhw ac wedyn *check them against the originals*.

1.

2.

3.

4.

5.

6.

D. Nodiadau Eto!

Gyda'ch partner, llenwch y bylchau (*fill in the gaps*). Ymarfer 2 *is more difficult.*

Ymarfer 1

a: Mae'n _____ fi ond bydda i'n hwyr heno. _____ i mi fynd i gyfarfod.

b: Bydda i'n hwyr _____. Mae problem yn y _____. Mae'n flin gyda fi.

c: Bydda i'n _____ heno. Bydda i _____ erbyn saith.

ch: Bydda i'n hwyr _____ heno. Paid â _____ bwyd i mi.

d: _____ i'n hwyr bore 'fory. Rhaid i mi _____ â John at y meddyg.

dd.   _____ i'n hwyr heno. Mae dy _____ di yn y ffwrn.

Ymarfer 2

a: Mae'n _____ gyda fi ond _____ i'n hwyr heno. _____ i mi

       fynd i gyfarfod.

b: Bydda i'n hwyr _____ . _____ problem yn y _____. Mae'n flin gyda fi.

c: _____ i'n _____ heno. Bydda i _____ _____ saith.

ch.   Bydda i'n hwyr _____ _____ . _____ â _____

       bwyd i mi.

d.   _____ i'n hwyr _____ 'fory. _____ i mi _____ â

       John _____ y meddyg.

Dd.   Creu Negeseuon Newydd / *Creating New Messages*

Gadawodd chwech o bobl negeseuon ar y peiriant ateb.   *(Six people left messages on the answer phone)*. Gyda'ch partner, gweithiwch allan *what you have to tell eich bos*. *Does* dim rhaid i chi ysgrifennu.

e.e.   Chris Jones / hwyr / meddyg   >   Bydd Chris Jones yn hwyr. Rhaid iddo fe
                                                                    fynd at y meddyg.

    Bob Thomas / hwyr / mynd â'r plant i'r ysgol

    Ann Williams / hwyr iawn / mynd i'r ysbyty

    Siân Morgan / dod yn y p'nawn / gweithio gartre

    Jac Roberts / chwarter awr yn hwyr / prynu te a choffi i'r swyddfa.

E.   Byddwn ni - (*We will be***)**

    Byddwn ni'n gweithio

    Byddwn ni'n coginio

    Byddwn ni'n aros gartre

Bydd Siân yn brysur 'fory:

Bydda i'n mynd i Sbaen am wythnos. Bydd rhaid i mi godi cyn saith o'r gloch a mynd i Heathrow. Bydda i'n cwrdd â ffrindiau yn y maes awyr. Dw i'n edrych ymlaen - dw i ddim yn meddwl bydda i'n gallu cysgu heno.

Mae Siân yn mynd gyda'r gŵr John. *So she should have used the* 'ni' *forms.* Gyda'ch partner, ailysgrifennwch *(rewrite)* y paragraff. Dechreuwch,

Byddwn ni'n brysur 'fory. _____

_____

_____

_____

_____

F. **Byddan nhw** (*They will be*)

Byddan nhw'n gwybod

Byddan nhw yn Sbaen

Bydda nhw wedi blino

Dilynwch yr esiampl / *follow the example:*

Bydd Siân a John yn brysur   _____Byddan nhw'n brysur_____

Bydd Sian a John yn mynd i Sbaen   _____

Bydd Siân a John yn codi am saith   _____

Bydd Siân a John yn mynd i Heathrow   _____

Bydd Siân a John yn cwrdd â ffrindiau   _____

Ff. **Gofyn Cwestiwn - Fyddwch chi? / Fyddi di?** (*Will you be?*)

	✓	✗
Fyddwch chi yn y tŷ?	Bydda	Na fydda
Fyddi di yn y tŷ?	Bydda	Na fydda
Fydd e yn y tŷ?	Bydd	Na fydd

190

Gofynnwch i'ch partner *whether they will be doing any of the following* 'fory.
Wedyn, gofynnwch i bartner newydd *about their original partner.*

	Eich Partner	_____
golchi dillad		
mynd i'r gwaith		
coginio		
edrych ar y teledu		
chwaraen sboncen		
smwddio		
gyrru (*drive*)		
siopa		

Fel arfer (*as usual*), mae Treiglad Meddal gyda chwestiwn:

Bwytoch chi   >   Fwytoch chi?   Byddwch chi   >   Fyddwch chi?
(*You ate*)   (*Did you eat*)   (*You will be*)   (*Will you be?*)

G.   Negyddol - Fydda i ddim (*I won't be*)

Fydda i ddim yn hir (*I won't be long*)

Ddoe	**Heddiw**	**'Fory**
Do'n i ddim yn brysur	Dw i ddim yn brysur	Fydda i ddim yn brysur

Cwblhewch:

Do'n i ddim	_____	_____
yn hapus	_____	_____

_____   Dw i ddim yn   _____

_____   y gwaith   _____

Doedd hi ddim   _____   _____

yn bwrw glaw   _____   _____

_____   Dyn ni ddim   _____

_____   wedi blino   _____

Do'n nhw ddim   _____   _____

yn y swyddfa   _____   _____

_____   _____   Fydda i ddim

_____   _____   yn ddiflas

Fel arfer, mae treiglad meddal gyda
B, D, G, Rh, Ll, M - negyddol.

bwytais i   >   fwytais i ddim
bydda i   >   fydda i ddim

192

1. Dych chi wedi dysgu:

+	?	—
I will be	Will I be?	I won't be
Bydda i	Fydda i?	Fydda i ddim
Byddi di	Fyddi di?	Fyddi di ddim
Bydd hi/e	Fydd hi/e?	Fydd hi/e ddim
Byddwn ni	Fyddwn ni?	Fyddwn ni ddim
Byddwch chi	Fyddwch chi?	Fyddwch chi ddim
Byddan nhw	Fyddan nhw?	Fyddan nhw ddim

2. Geirfa

heno	*tonight*	hapus	*happy*
mae'n flin gyda fi	*I'm sorry*	hir	*long*
maes awyr	*airport*	hwyr	*late*
meddyg	*doctor*	aros	*to stay, to wait*
nodiadau	*notes*	gyrru	*to drive*

---

1. **Ysgrifennu Nodyn**

Byddwch chi'n hwyr yn cyrraedd (*arrive*) y dosbarth yr wythnos nesaf (*next week*). Ysgrifennwch nodyn at eich tiwtor yn nodi (*noting*) eich esgus.

_____

_____

_____

_____

_____

---

2. **Atebwch y cwestiynau:**

Ble byddwch chi bore 'fory? _____

Ble byddwch chi nos Sadwrn? _____

Beth fyddwch chi'n wneud 'fory? _____

Beth fyddwch chi'n wneud dydd Sul? _____

Fyddwch chi yn y dosbarth yr wythnos nesa? _____

Fyddwch chi yn y tŷ nos Sadwrn? _____

Fyddwch chi'n aros yn y gwely'n hwyr bore 'fory? _____

Fyddwch chi'n edrych ar S4C yr wythnos nesa? _____

Arhosoch chi yn y gwely'n hwyr bore ddoe? _____

Edrychoch chi ar S4C neithiwr? _____

3. Ysgrifennwch beth fyddwch chi'n wneud y'fory, dydd Sadwrn nesaf a dydd Sul nesaf.

'Fory
_____
_____
_____

Dydd Sadwrn
_____
_____
_____

Dydd Sul
_____
_____
_____

4. Trowch y brawddegau i'r negyddol. Make the following sentences negative

Bydda i'n hir _____

Bydd hi'n wlyb _____

Byddwn ni'n brysur _____

Byddan nhw yn y tŷ _____

Byddwch chi yn y tîm _____

Byddi di wedi blino _____

Bydd e'n chwarae _____

5. Nodwch bump *useful words / phrases from this* uned.

un _____

dau _____

tri _____

pedwar _____

pump _____